Raiva

Dados Internacionais de Catalogação na Publicação (CIP)
(Câmara Brasileira do Livro, SP, Brasil)

Nhat Hanh, Thich
  Raiva : sabedoria para abrandar as chamas / Thich Nhat Hanh ; tradução de Maria Goretti Rocha de Oliveira. – Petrópolis, RJ : Vozes, 2022.

  Título original: Anger

  1ª reimpressão, 2025.

  ISBN 978-65-5713-699-7

  1. Compaixão – Aspectos religiosos – Budismo 2. Raiva – Aspectos religiosos – Budismo 3. Vida espiritual – Budismo I. Título.

22-110529 CDD-294.35

Índices para catálogo sistemático:
1. Raiva : Budismo   294.35

Cibele Maria Dias – Bibliotecária – CRB-8/9427

THICH NHAT HANH

SABEDORIA PARA ABRANDAR AS CHAMAS

Tradução de Maria Goretti Rocha de Oliveira

© 2001 by Thich Nhat Hanh
Edição publicada por acordo com Riverhead Books, um selo do Grupo Penguin Publishing, uma divisão do Grupo Penguin Random House LLC.

Tradução realizada a partir do original em inglês intitulado *Anger*.
Wisdom for Cooling the Flames.

Direitos de publicação em língua portuguesa – Brasil:
2022, Editora Vozes Ltda.
Rua Frei Luís, 100
25689-900 Petrópolis, RJ
www.vozes.com.br
Brasil

Todos os direitos reservados. Nenhuma parte desta obra poderá ser reproduzida ou transmitida por qualquer forma e/ou quaisquer meios (eletrônico ou mecânico, incluindo fotocópia e gravação) ou arquivada em qualquer sistema ou banco de dados sem permissão escrita da editora.

CONSELHO EDITORIAL
Diretor
Volney J. Berkenbrock

Editores
Aline dos Santos Carneiro
Edrian Josué Pasini
Marilac Loraine Oleniki
Welder Lancieri Marchini

Conselheiros
Elói Dionísio Piva
Francisco Morás
Teobaldo Heidemann
Thiago Alexandre Hayakawa

PRODUÇÃO EDITORIAL
Aline L.R. de Barros
Anna Catharina Miranda
Eric Parrot
Jailson Scota
Marcelo Telles
Mirela de Oliveira
Natália França
Priscilla A.F. Alves
Rafael de Oliveira
Samuel Rezende
Verônica M. Guedes

Secretário executivo
Leonardo A.R.T. dos Santos

Editoração: Elaine Mayworm
Diagramação: Sheilandre Desenv. Gráfico
Revisão gráfica: Alessandra Karl
Capa: Érico Lebedenco

ISBN 978-65-5713-699-7 (Brasil)
ISBN 1-57322-187-2 (Estados Unidos)

Este livro foi composto e impresso pela Editora Vozes Ltda.

Sumário

Nota da tradutora, 7

Introdução, 13

1 Consumindo raiva, 23

2 Apagando o fogo da raiva, 33

3 A linguagem do verdadeiro amor, 53

4 Transformação, 69

5 Comunicação compassiva, 87

6 Seu Sutra do Coração, 105

7 Sem inimigos, 119

8 Davi e Angelina – A energia do hábito de ter raiva, 135

9 Acolhendo a raiva com atenção consciente, 149

10 Respirando conscientemente, 163

11 Restabelecendo a Terra Pura, 173

Apêndice A – Tratado de paz, 187

Apêndice B – Os Cinco Treinamentos da Atenção Consciente, 191

Apêndice C – Meditações guiadas para contemplar profundamente e soltar a raiva, 195

Apêndice D – Relaxamento profundo, 201

Nota da tradutora

Neste livro, optei por traduzir *mindfulness* como "atenção consciente", que, na verdade, é uma síntese das traduções – "consciência plena" e "atenção plena" – feitas em livros anteriores. Inspirada pela tradução francesa *pleine conscience*, adotada nas comunidades de Plum Village, inicialmente optei pela tradução "consciência plena". Mas depois percebi que no Brasil havia uma certa resistência ao termo "consciência", talvez por ele estar relacionado às ideias de julgamentos de aprovação ou desaprovação de condutas que aqui vêm imbuídas de um certo autoritarismo judaico-cristão. Além disso, o fato de "consciência" ter a mesma raiz latina da palavra inglesa *consciousness*, cujo significado às vezes se distancia de *awareness*, às vezes também gerava incertezas e confusão terminológica na cabeça de alguns leitores. Importante ressaltar que, em Plum Village e outras tradições budistas, a consciência é sempre consciência de algo. Não há consciência dissociada do objeto da consciência, e ambos surgem simultaneamente. Enquanto algumas tradições espiritualistas, *consciousness* é mais usada com referência à sede do espírito ou da alma, e é compreendida como sendo distinta do seu objeto. Sem dúvida, o termo "atenção plena" se popularizou muito mais do que "consciência plena", a ponto de atualmente ser a única tradução sugerida no tradutor Google para o termo *mindfulness*.

Além disso, em conversas informais que tive com amigos praticantes de meditação, ouvi alguns comentários de que a palavra "plena" soava "antipática", pois estaria implícita a ideia de "cem por cento de perfeição no ato de se fazer algo". Na opinião dessas pessoas, além deste ser um ideal inatingível, gerava um mal-estar nelas, pois se julgavam incapazes de atingir essa suposta "plenitude" ou "perfeição". Eu também já havia percebido que a palavra "atenção" era insuficiente, pois "prestar atenção" ou "focar" ou até mesmo "concentrar-se em algo" não significa necessariamente que a pessoa esteja consciente dos benefícios ou malefícios que sua ação pode ter para si mesmo, para os outros e para o mundo. Um matador profissional, por exemplo, pode estar bem focado ou prestando atenção no seu alvo antes de disparar um tiro mortal e assassinar gente inocente.

Então, por essas razões, acredito que "atenção consciente" seja a melhor opção de tradução para o termo *mindfulness*, ao menos, no contexto da tradição budista fundada e dirigida pelo Mestre Zen Thich Nhat Hanh.

É notório que a palavra *mindfulness* se propagou muito pelo Brasil nas últimas décadas, e acredito que haja um número significativo de gente familiarizada com o termo. Mas é possível que pouquíssimas pessoas saibam que *mindfulness* é uma tradução inglesa da palavra sânscrita *smriti*, cujo significado raiz se associa a ideia de "lembrança" ou de "estar continuamente lembrado" (não esquecido). Mas lembrado de quê? Lembrado da própria prática meditativa, lembrado do objeto ou tópico de meditação.

Nos centros de prática meditativa em Plum Village, no sul da França, por exemplo, o soar dos sinos das catedrais próximas e também o repique dos carrilhões, que tocam a cada trinta minutos, são usados como *mindful bells* – sinos despertadores – que são assim chamados por terem a função de acordar os praticantes "esquecidos", lembrando-os de retornarem à sua casa interior, no aqui e agora. É esta a prática. Toda vez que os sinos badalam, monásticos e leigos em Upper Hamlet, Lower Hamlet, New Hamlet são convidados a interromper o que que quer que estejam fazendo para respirar conscientemente, enquanto ouvem os carrilhões do início ao fim. Momento em que cada um se conscientiza do que se passa internamente consigo mesmo e à sua volta naquele instante, e se sentir que está perdido em pensamentos ou sendo arrastado em conversas fúteis, tem a oportunidade de fazer uma correção no decurso.

Smriti, Samadhi, Prajna (atenção consciente, concentração, sabedoria) são três palavras-chave que sintetizam categorias interligadas de práticas meditativas, pelas quais o próprio Buda Shakyamuni atingiu a iluminação, e, depois as transmitiu em forma de ensinamentos. Ainda hoje, passados 2.600 anos do *parinirvana* de Buda, podemos ver a importância que *Smriti, Samadhi* e *Prajna* têm na formação dos praticantes de meditação em várias escolas budistas ao redor do mundo. Nos centros de práticas meditativas ligados ao Mestre Thich Nhat Hanh vemo-las impressas nos textos e cunhadas em objetos e símbolos sagrados em inúmeros templos de meditação ligados à Plum Village, ora existentes em várias partes do mundo.

Ademais, é importante ressaltar que, no ensinamento do Nobre Caminho Óctuplo, Buda apresenta *smriti* (atenção consciente) como um dos oito caminhos (ou métodos) que levam à felicidade. O Nobre Caminho Óctuplo é, por sua vez, uma explanação detalhada do ensinamento da Quarta Nobre Verdade – que significa a verdade da existência de um caminho conducente à felicidade. Depois de ter constatado que a felicidade existe (a terceira Nobre Verdade), Buda investiga as raízes ou causas conducentes à felicidade (a quarta Nobre Verdade).

Enfim, o ponto principal que quero enfatizar é que o caminho da felicidade, às vezes chamado no budismo de caminho da iluminação, é fruto de uma escolha consciente que fazemos, a cada instante de vida.

Viver no aqui e agora é uma escolha consciente que fazemos.

E se optamos por trilhar este caminho espiritual que nos convida a prestar atenção ao que está acontecendo no aqui e agora é porque compreendemos que toda a Vida está contida, ou só existe no aqui e agora; inclusive o passado e o futuro.

Estamos cientes de que remoer pensamentos negativos sobre algo que aconteceu no passado não nos ajuda a sermos felizes ou a resolver nosso problema no presente. Pelo contrário, só os perpetuam. Do mesmo modo como ansiar pelo futuro também não nos ajuda a chegar onde queremos chegar. Pois, como Thây nos ensina, "só podemos encontrar o nosso verdadeiro lar no aqui e agora". E o nosso encontro marcado com a Vida só acontece no aqui e agora.

Então, após termos entendido e escolhido adotar certa visão de mundo, evitamos fazer certas coisas e optamos por fazer outras, que poderão trazer resultados mais felizes e benéficos para nós, para os outros e para o mundo.

Enfim, para trilhar o caminho conducente a uma felicidade maior e duradoura, acredito que precisamos estar, além de atentos, conscientes.

Maria Goretti Rocha de Oliveira
Aldeia, 30 de julho de 2021.
Paudalho, PE

Introdução

A prática da felicidade

Ser feliz, para mim, significa sofrer menos. Se não fôssemos capazes de transformar nossa dor interna, a felicidade não seria possível.

Muita gente busca felicidade fora de si, mas a verdadeira felicidade deve vir de dentro. Nossa cultura nos diz que a felicidade chega com a posse de muito dinheiro, de muito poder e um cargo social elevado. Mas se você observar bem, verá que muita gente famosa e rica não é feliz. Muitas delas cometem suicídio.

Buda e os monges e monjas do seu tempo nada possuíam, exceto seus três mantos e uma tigela. Mas eles eram muito felizes, pois tinham algo extremamente precioso: a liberdade.

De acordo com os ensinamentos de Buda, a condição mais essencial da felicidade é a liberdade. Não estamos aqui nos referindo à liberdade política, mas a estar liberto das formações mentais como: raiva, desespero, ciúme e delusão. Buda considera essas formações mentais como venenos. Enquanto estes venenos continuarem em nosso coração, a felicidade é impossível.

Para nos libertarmos da raiva, temos que praticar, quer sejamos cristãos, muçulmanos, budistas, hindus ou judeus. Não podemos pedir a Buda, a Jesus, a Deus ou Maomé que remova, por nós, a raiva dos nossos corações. Existem instruções concretas de como transformar o desejo, a raiva e a confusão dentro de nós. Se seguirmos essas instruções e aprendermos a cuidar bem do nosso sofrimento, poderemos ajudar outras pessoas a fazer o mesmo.

Mudando para melhor

Suponha que haja uma família em que pai e filho estejam um zangado com o outro. Eles não são mais capazes de se comunicarem. O pai sofre muito e o filho também. Eles não querem ficar aprisionados na raiva, mas não sabem como superá-la.

Um bom ensinamento é aquele que você pode aplicá-lo diretamente à sua vida, para que assim possa transformar seu sofrimento. Quando está com raiva, você sofre como se estivesse queimando no fogo do inferno. Quando está muito desesperado ou enciumado, você está no inferno. Você deve procurar um amigo ou uma amiga praticante, e pedir instruções de como praticar para transformar a raiva e desespero dentro de si.

A escuta compassiva alivia o sofrimento

Quando alguém expressa muita raiva ao falar, é porque está sofrendo profundamente. Por estar tão cheia de sofrimento, a pessoa fica cheia de amargura. E está sempre pronta para reclamar e acusar os outros pelos seus problemas. É por isso que você acha tão desagradável ouvir aquela pessoa e tenta evitá-la.

Para compreender e transformar a raiva, nós devemos aprender as práticas de ouvir compassivamente e usar a fala amorosa. Existe um(a) Bodisatva – um Grande Ser ou uma pessoa Desperta – que é capaz de ouvir de maneira muito profunda e com muita compaixão. Ela é chamada Kwan Yin ou Avalokiteshvara, a Bodisatva da Grande Compaixão. Todos nós devemos aprender a prática de ouvir profundamente como esta bodisatva. Assim poderemos oferecer orientação prática aos que chegam buscando ajuda para restabelecer a comunicação.

A escuta compassiva pode ajudar a outra pessoa a sofrer menos. Entretanto, mesmo tendo a melhor das intenções, você não conseguirá ouvir profundamente, a menos que esteja treinado na arte de ouvir com compaixão. Se você for capaz de sentar-se calmamente durante uma hora para ouvir compassivamente outra pessoa, poderá aliviar muito sofrimento dela. Ouça com um propósito apenas: o de permitir que o outro se expresse e alivie o próprio sofrimento. Mantenha sua compaixão viva durante todo o tempo em que escuta.

É preciso que você esteja muito concentrado(a) enquanto ouve. É necessário que você esteja totalmente focado na prática de ouvir, e prestando atenção com todo o seu ser: olhos, ouvidos, corpo e mente. Se só estiver fazendo de conta que está ouvindo, mas não estiver ouvindo com cem por cento de si mesmo, a outra pessoa sentirá e o sofrimento dela não será aliviado. Se você souber respirar conscientemente e conseguir permanecer focado no desejo de ajudar o outro a aliviar o próprio sofrimento, você será capaz de manter-se compassivo enquanto ouve.

Escutar compassivamente é uma prática muito profunda. Você ouve, não para julgar ou acusar. Você ouve só porque quer que a outra pessoa sofra menos. Essa outra pessoa pode ser nosso pai, filho ou filha, ou nosso(a) companheiro(a). Aprender a ouvir o outro pode realmente ajudá-lo a transformar a raiva e o sofrimento dentro dele.

Uma bomba pronta para explodir

Conheço uma mulher católica, que mora na América do Norte. Ela sofre muito porque tem um relacionamento muito difícil com o marido. Eles formavam uma família muito culta; ambos tinham diploma de doutorado. No entanto, o marido sofria demais. Ele vivia em guerra com a esposa e todos os filhos. Ele não conseguia conversar com a esposa nem com os filhos. Todos na família tentavam evitá-lo, pois ele parecia uma bomba pronta para explodir. A raiva dele era enorme. Ele acreditava que a esposa e filhos o desprezavam, pois ninguém queria chegar perto dele. Na verdade, a esposa não o desprezava. Os filhos não o desprezavam. Eles tinham medo dele. Estar perto do pai era perigoso, pois ele poderia explodir a qualquer momento.

Um dia a esposa quis se suicidar, por não suportar mais aquilo. Ela sentia que não era capaz de continuar vivendo nessas circunstâncias. Mas antes de cometer suicídio, ela telefonou para uma amiga praticante budista para informá--la o que estava planejando fazer. A amiga budista a tinha convidado diversas vezes para praticar meditação, que a ajudaria a sofrer menos, mas ela sempre recusava. Ela explicava que, por ser católica, não poderia praticar ou seguir os ensinamentos budistas.

Naquela tarde, quando a amiga budista soube que a amiga ia se matar, disse ao telefone: "Você diz que é minha amiga, e que agora está prestes a morrer. A única coisa que lhe peço é que ouça a palestra do meu professor, mas você se recusa. Se você realmente é minha amiga, então, por favor, pegue um táxi e venha ouvir a fita, e depois disso você pode morrer".

Quando a mulher católica chegou, a amiga deixou-a sozinha sentada na sala de estar, ouvindo a palestra do Darma sobre como restabelecer a comunicação. Durante uma hora ou uma hora e trinta minutos em que ouvia a palestra, ela experimentou dentro de si uma transformação muito profunda. Ela descobriu muitas coisas: compreendeu que era, em parte, responsável pelo próprio sofrimento e que também tinha causado muito sofrimento ao marido. Percebeu que não tinha sido capaz de ajudá-lo de forma alguma. Na realidade, tinha tornado o sofrimento dele ainda mais pesado, dia após dia, pelo fato de o evitar. Ela aprendeu com a palestra do Darma que para ajudar o outro, deveria ser capaz de ouvir profundamente com compaixão. Isso era algo que ela não tinha sido capaz de fazer nos últimos cinco anos.

Desativando a bomba

Após ouvir a palestra do Darma, a mulher se sentiu muito inspirada. Ela queria ir para casa e praticar a escuta profunda para ajudar o marido. Mas a amiga budista lhe disse: "Não, amiga, você não deve fazer isso hoje, porque ouvir compassivamente é um ensinamento muito profundo. Você tem que se treinar, pelo menos, uma ou duas semanas para ser capaz de ouvir o outro como uma bodisatva". Então a budista convidou a amiga católica para participar de um retiro para aprender mais.

Havia quatrocentos e cinquenta pessoas participando do retiro – comendo, dormindo e praticando juntos durante seis dias. Neste período, todos nós praticávamos respirando cientes da nossa inspiração e expiração, a fim de reunir nosso corpo e mente. Caminhávamos juntos em meditação, investindo-nos cem por cento em cada passo. Meditávamos respirando conscientemente, sentados e andando com o intuito de observar e acolher o sofrimento existente em nós.

Além de ouvir as palestras do Darma, todos nós participantes praticávamos a arte de ouvir um ao outro, e de falar de forma amorosa. Tentávamos ouvir profundamente para compreender o sofrimento da outra pessoa. A mulher católica praticava de modo muito sincero e profundo, pois para ela, isso era uma questão de vida ou morte.

Ao voltar para casa após o retiro, ela estava muito calma e com o coração repleto de compaixão. Ela realmente queria ajudar o marido a remover a bomba de dentro do coração dele. Ela se movimentava bem devagar, seguia a respiração para se manter calma e nutrir sua compaixão. Ela praticava o andar consciente e o marido notou que ela estava diferente. Finalmente, ela se aproximou e sentou-se calmamente ao lado dele, coisa que ela nunca tinha feito nos últimos cinco anos.

Ela permaneceu calada por muito tempo, talvez dez minutos. Em seguida, colocou a mão dela sobre a dele e disse: Meu querido, eu sei que você tem sofrido muito nos últimos cinco anos e sinto muito. Sei que contribuí muito para o seu sofrimento. Não só porque fui incapaz de lhe ajudar a sofrer menos, mas porque piorei ainda mais a situação. Cometi muitos erros e lhe causei muita dor. Lamento muitíssimo mesmo. Gostaria que você me desse uma chance de começar de uma nova maneira. Eu quero fazê-lo feliz, mas eu não sabia como fazer isso; por essa razão, contribuí para que a situação piorasse dia após dia. Não quero mais continuar desse jeito. Então, meu querido, por favor me ajude. Preciso da sua ajuda para lhe compreender melhor, para poder lhe amar melhor. Por favor, diga-me o que está no seu coração. Sei que você sofre muito, devo conhecer seu sofrimento, para não continuar repetindo os mesmos erros do passado. Sem você, não consigo fazer isso. Preciso que você me ajude, para que eu não continue a lhe machucar. Eu só quero amar você.

Enquanto conversava com ele dessa maneira, o marido começou a chorar. Chorou como um menininho.

A esposa havia sido, por muito tempo, muito azeda. Ela sempre gritava e sua fala era sempre cheia de raiva e amargura, de acusações e julgamentos. Os dois só faziam brigar entre eles. Há anos ela não falava com ele dessa maneira, com tanto amor e ternura. Quando viu seu marido chorando, ela soube que agora tinha uma chance. A porta do coração do seu marido, que tinha se fechado, agora começava a se abrir novamente. Ela sabia que tinha que ser muito cuidadosa, então continuou a praticar respirando conscientemente. Ela disse: "Por favor, meu querido, por favor, diga-me o que está em seu coração. Eu quero melhorar, para não continuar cometendo erros". A esposa também era uma intelectual com título de Ph.D, tal como o marido, mas ambos sofriam, porque nenhum dos dois sabia como praticar a escuta compassiva um com o outro. Mas naquela noite ela estava uma maravilha, e foi bem--sucedida na prática de falar com amor e ouvir com compaixão. E a noite terminou sendo numa noite de muita cura para ambos. Depois de apenas algumas horas juntos, eles foram capazes de se reconciliarem um com o outro.

Ensinamento correto, prática correta

Se a prática for correta, se a prática for boa, você não precisa de cinco ou dez anos para gerar transformação e cura, poucas horas podem bastar. Eu sei que aquela mulher católica foi muito bem-sucedida naquela noite, pois conseguiu convencer o marido a se inscrever em um segundo retiro.

O segundo retiro durou seis dias, e no final o marido também experimentou uma grande transformação. Durante a meditação do chá, ele apresentou a esposa aos demais participantes do retiro, dizendo: "Meus queridos amigos, queridos copraticantes, eu gostaria de apresentar a vocês uma bodisatva, um grande ser. Ela é minha esposa, uma grande bodisatva. Nos últimos cinco anos eu a fiz sofrer muito, eu era muito estúpido. Mas através da prática dela, ela mudou tudo. Salvou minha vida". Depois disso, cada um contou sua história e como chegaram ao retiro. Compartilharam como foram capazes de se reconciliar em um nível profundo e renovar o amor deles.

Quando um fazendeiro usa um tipo de fertilizante que não tem eficácia alguma, ele precisa mudar o fertilizante. O mesmo se aplica a nós. Se, após vários meses, a prática que estivermos fazendo não nos trouxer alguma transformação e cura, temos que reconsiderar a situação. Devemos mudar de abordagem e aprender mais para encontrar a prática correta, que possa transformar nossas vidas e as vidas das pessoas que amamos.

Todos nós podemos fazer o mesmo se recebermos e aprendermos o ensinamento correto e a prática correta. Se você praticar com muita seriedade, se fizer da prática uma questão de vida ou morte, como a mulher católica, você pode mudar tudo.

Tornando possível a felicidade

Vivemos num tempo de sofisticação de muitos meios de comunicação. A informação pode percorrer o planeta de um lado ao outro muito rapidamente. Mas é exatamente neste tempo que a comunicação entre as pessoas, pai e filho, marido e esposa, mãe e filho, tem se tornado extremamente difícil. Se não conseguirmos restabelecer a comunicação a felicidade jamais será possível. No ensinamento budista, a prática de escutar com compaixão, a prática de falar com amor, e a prática de cuidar da nossa raiva são apresentadas com muita clareza. Temos que pôr em prática o ensinamento de Buda sobre a escuta profunda e a fala amorosa para restabelecer a comunicação e levar felicidade à nossa família, à nossa escola e à nossa comunidade. Depois poderemos ajudar outras pessoas no mundo.

1
Consumindo raiva

Todos nós precisamos saber como lidar e cuidar da nossa raiva. Para fazer isso, devemos prestar mais atenção ao aspecto bioquímico da raiva, pois a raiva tem suas raízes em nosso corpo e também em nossa mente. Quando analisamos nossa raiva, podemos ver seus elementos psicológicos. Temos que olhar mais fundo a maneira como comemos, bebemos e consumimos, e como lidamos com nosso corpo no dia a dia.

A raiva não é uma realidade estritamente psicológica

Aprendemos nos ensinamentos de Buda que o nosso corpo e mente não estão separados. Nosso corpo é nossa mente e, ao mesmo tempo, nossa mente também é nosso corpo. A raiva não é só uma realidade mental, pois o físico e o mental estão interligados, e não podemos separá-los. No budismo, chamamos a formação corpo/mente de namarupa, que é o psicossomático, mente-corpo enquanto uma entidade. A mesma realidade, às vezes, aparece enquanto mente, e às vezes, enquanto corpo.

Observando minuciosamente a natureza de uma partícula elementar, os cientistas descobriram que, às vezes, a partícula se manifesta como onda, e às vezes, como partícula. Uma onda é bem diferente de uma partícula. Uma onda só pode ser uma onda. A onda não pode ser uma partícula. Uma partícula só pode ser uma partícula, a partícula não pode ser uma onda. Entretanto, onda e partícula são a mesma coisa. Então, ao invés de chamá-las de onda (*wave*) ou de partícula (*particle*), eles as chamam de *wavicle* – uma combinação das palavras *wave* e *particle*. Este é o nome que os cientistas deram à partícula elementar.

O mesmo acontece com a mente e o corpo. Nossa visão dualista nos diz que mente não pode ser corpo, e corpo não pode ser mente. Mas examinando em profundidade, vemos que corpo é mente e mente é corpo. Se conseguirmos superar a dualidade, que vê mente e corpo como inteiramente separados, chegamos bem próximos da verdade.

Muita gente está começando a perceber que o que acontece no corpo também acontece na mente, e vice-versa. A medicina moderna está ciente de que a doença corporal pode ser consequente de uma enfermidade mental. E a enfermidade mental pode estar conectada a doenças do corpo. Corpo e mente não são duas entidades separadas, são uma. Temos que cuidar muito bem do nosso corpo se quisermos dominar nossa raiva. As formas de comermos e de consumirmos são muito importantes.

Somos o que comemos

Nossa raiva, frustração e desespero, têm muito a ver com nosso corpo e a comida que ingerimos. Temos que elaborar uma estratégia de alimentação, de consumo para nos proteger da raiva e da violência. Comer é um aspecto da civilização. A forma como cultivamos nosso alimento, o tipo de alimento que ingerimos, e a maneira de comermos estão muito relacionados à civilização, pois as escolhas que fizermos poderão proporcionar a paz e aliviar o sofrimento.

O alimento que comemos pode desempenhar um papel muito importante em nossa raiva. Nossa comida pode conter raiva. Quando comemos a carne de um animal com a doença da vaca louca, a raiva está contida na carne. Mas também devemos observar os outros tipos de alimentos que ingerimos. Quando comemos um ovo ou uma galinha, nós sabemos que o ovo ou galinha também podem conter muita raiva. Estamos ingerindo raiva e, por conseguinte, expressamos raiva.

Hoje em dia, as galinhas são criadas em grande-escala em fazendas modernas onde elas não podem andar, correr ou buscar alimento no solo. Elas são alimentadas exclusivamente pelos humanos. São conservadas em pequenas gaiolas e não conseguem se mover de forma alguma. Dia e noite, as galinhas têm que ficar em pé. Imagine se você não tivesse o direito de andar ou correr. Imagine se você tivesse que ficar dia e noite só em um lugar. Você enlouqueceria. Então as galinhas ficam loucas.

Para que as galinhas produzam mais ovos, os fazendeiros criam dias e noites artificiais. Eles usam luz interna para criar dias e noites mais curtos, para que as galinhas acreditem que vinte e quatro horas se passaram, e assim produzam mais ovos. Há muita raiva, muita frustração e muito sofrimento nas galinhas. Elas expressam raiva e frustração atacando outras galinhas próximas delas. Usam os bicos para bicar e ferir umas as outras. Causam sangramento, sofrimento e morte umas das outras. Por essa razão, os fazendeiros agora cortam os bicos de todas as galinhas para prevenir ataques mútuos provenientes da frustação.

Então, quando comer a carne ou ovo de tal galinha, você estará comendo raiva e frustração. Assim sendo, esteja consciente. Seja cuidadoso com o que come. Se ingerir raiva, você ficará com raiva e expressará raiva. Se ingerir frustração, você expressará frustração.

Temos que comer ovos felizes de galinhas felizes. Temos que beber leite que não venha de vacas raivosas. Devemos beber leite orgânico proveniente de vacas criadas naturalmente. Temos que nos esforçar para ajudar os fazendeiros a criarem esses animais de um modo mais compassivo. Nós também temos que comprar vegetais que são cultivados organicamente. São mais caros, mas para compensar, podemos comer menos. Podemos aprender a comer menos.

Consumindo raiva por outros sentidos

Não é somente com alimentos comestíveis que nutrimos nossa raiva, mas também com o que consumimos através dos nossos olhos, ouvidos e consciência. O consumo de itens culturais também está ligado à raiva. Por isso, é muito importante desenvolver uma estratégia de consumo.

O que lemos nas revistas e o que assistimos na televisão, também podem ser tóxicos. Também podem conter raiva e frustração. Um filme é como um pedaço de bife, e pode conter raiva. Se o consumir, você estará ingerindo raiva, estará ingerindo frustração. As matérias dos jornais e até mesmo conversas podem conter muita raiva.

Às vezes, você pode estar se sentindo solitário e querer conversar com alguém. Em uma hora de conversa, as palavras da outra pessoa podem lhe envenenar com muitas toxinas. Pode ser que você ingira uma grande quantidade de raiva, e depois tenha que expressá-la. Por isso, o consumo consciente é muito importante. Quando você ouve os noticiários, quando lê um artigo jornalístico, quando está discutindo algo com os outros, será que está ingerindo o mesmo tipo de toxinas que ingere quando come de maneira descuidada?

Comendo bem, comendo menos

Tem aqueles que se refugiam na comida para esquecer suas aflições e depressão. Comer demais pode criar dificuldades para o sistema digestivo, contribuindo para o surgimento da raiva. Pode também produzir energia demais. Se você não souber lidar com essa energia, ela pode se transformar em energia da raiva, do sexo e da violência.

Quando comemos bem, podemos comer menos. Só precisamos da metade da porção dos alimentos que ingerimos diariamente. Para comer bem, devemos mastigar o alimento cerca de cinquenta vezes antes de engolir. Quando comemos bem devagar e transformamos a comida em nossa boca em um tipo de líquido, vamos absorver muito mais nutrientes através dos intestinos. Se nos alimentarmos bem e mastigarmos a comida cuidadosamente, vamos absorver mais nutrientes do que se ingeríssemos uma quantidade maior, mas não digeríssemos bem o alimento.

Comer é uma prática profunda. Quando eu como, aprecio cada porção da minha comida. Estou consciente do alimento, consciente de que estou comendo. Podemos praticar a atenção consciente do ato de comer — sabemos o que estamos mastigando. Mastigamos bem o alimento e com muita alegria. De tempos em tempos, nós paramos de mastigar e entramos em contato com os amigos, familiares ou a sanga — a comunidade de praticantes — à nossa volta. Nós percebemos que é maravilhoso estar ali sentado, mastigando dessa maneira, sem se preocupar com coisa alguma. Quando comemos atentamente, nós não estamos comendo ou mastigando nossa raiva, nossa ansiedade ou nossos projetos. Estamos mastigando a comida, preparada com amor pelos outros. Isso é muito agradável.

Quando a comida estiver quase liquidificada na boca, você saboreia o alimento com muito mais intensidade e seu sabor é muito, muito bom. Pode ser que hoje você queira experimentar mastigar desse jeito. Esteja consciente de cada movimento da sua boca. Você descobrirá que o sabor da comida é deliciosíssimo! Pode ser apenas um pão puro, sem manteiga nem geleia. Mas é maravilhoso! Talvez você também queira beber um pouco de leite. Eu nunca bebo leite, eu mastigo o leite. Quando coloco um pedaço de pão na boca, eu o mastigo atentamente por algum tempo, e depois ponho uma colher cheia de leite na boca, e continuo a mastigá-lo conscientemente. Você nem imagina como é delicioso fazer isso: mastigar um pouco de leite e um pedaço de pão.

Quando a comida tiver sido liquidificada, misturada com sua saliva, ela já está meio digerida. De modo que, quando chegar no seu estômago e intestinos, a digestão se tornará extremamente fácil. Grande parte dos nutrientes do pão e leite será absorvida pelo corpo. Você se sente muito alegre e livre enquanto mastiga. Quando come dessa forma, naturalmente irá comer menos.

Quando você se servir, esteja consciente dos seus olhos. Não confie neles. São os seus olhos que lhe impulsionam a pegar comida demais. Você não precisa de tanto assim. Se souber comer de forma cuidadosa e com alegria, você se conscientizará de que precisa apenas da metade do que os seus olhos lhe dizem para pegar. Tente, por favor. Simplesmente mastigue algo tão simples como uma abobrinha, cenouras, pão e leite que podem se transformar na melhor refeição da sua vida. Isso é maravilhoso.

Muitos de nós em Plum Village, nosso centro de prática na França, tem experienciado esta forma de comer, mastigando conscientemente e bem devagarzinho. Tente comer assim. Isso poderá lhe ajudar a se sentir bem melhor fisicamente e, por conseguinte, em seu estado de espírito e consciência.

Nossos olhos são maiores do que nosso estômago. Temos que fortalecer nossos olhos com a energia da atenção consciente para que saibamos exatamente o tanto de comida que realmente precisamos. Em chinês, o termo usado para a "tigela de mendicância" dos monges e monjas significa "o instrumento da medida certa". Nós usamos este tipo de tigela para nos salvaguardar de ser enganados por nossos olhos. Quando a comida chega ao topo da tigela, sabemos que é mais do que suficiente. Nós nos servimos até aquela porção máxima de comida. Se puder comer assim, você poderá comprar menos alimentos. E comprando menos alimentos, você terá condições de comprar alimentos cultivados organicamente. Isso é algo que podemos fazer sozinhos ou em nossas famílias. Será um apoio enorme para os agricultores que querem viver do cultivo dos alimentos orgânicos.

O Quinto Treinamento da Atenção Consciente

Todos nós precisamos de uma dieta baseada em nossa vontade de amar e de servir. Uma dieta baseada em nossa inteligência. Os Cinco Treinamentos da Atenção Consciente são a saída do sofrimento, tanto para o mundo quanto para cada um de nós individualmente (cf. Apêndice B). Observar profundamente a maneira como consumimos é a prática do Quinto Treinamento da Atenção Consciente.

Esse treinamento diz respeito à prática de consumir conscientemente, seguindo uma dieta que pode nos libertar e libertar nossa sociedade. Por estar ciente do sofrimento causado pelo consumo descuidado, o(a) praticante se compromete:

> a cultivar a saúde, tanto física quanto mental, para mim, minha família e minha sociedade praticando o consumo consciente de alimentos e bebidas. Eu me comprometo a ingerir somente itens que preservem a paz, o bem-estar e alegria no meu corpo, na minha consciência, e no corpo e consciência coletiva da minha família e sociedade. Estou determinado a não fazer uso de bebidas alcóolicas ou de qualquer outro tóxico, nem ingerir alimentos ou outros itens que contenham toxinas, como certos programas de tv, revistas, livros, filmes e conversas.

Se quiser cuidar da sua raiva, da sua frustração e do seu desespero, você deve considerar viver em concordância com este treinamento. Se ingerir bebida alcóolica com prudência, você pode compreender que ela gera sofrimento. A ingestão do álcool causa doenças ao corpo e à mente, além de mortes nas estradas. A produção de álcool também envolve a criação de sofrimento. O uso dos grãos em sua produção está associado à falta de comida no mundo. Comer e beber com atenção consciente podem nos proporcionar lampejos libertadores.

Discuta uma estratégia de consumo consciente com as pessoas que você ama, com membros da sua família, mesmo que ainda sejam jovens. As crianças são capazes de compreender isso, portanto, elas devem participar em tais discussões. Juntos, vocês podem tomar uma decisão sobre o que comer, o que beber, qual programas assistir na televisão, o que ler, que tipo de conversas devem ter. Essa estratégia é para sua própria proteção.

Nós não podemos falar sobre raiva, e como dominar nossa raiva, sem ter cuidado com todas essas coisas que consumimos, pois a raiva não existe separada delas. Converse com sua comunidade sobre uma estratégia para consumir de modo atento e consciente. Em Plum Village, nós tentamos ao máximo nos salvaguardar. Procuramos não consumir coisas que nutrem nossa raiva, frustração e medo. Para consumir mais conscientemente, nós precisamos discutir regularmente o que comer, como comer, como comprar menos e ter comida de melhor qualidade, tanto a comestível quanto a comida que ingerimos através dos outros sentidos.

2
Apagando o fogo da raiva

Salvando sua casa

Quando alguém diz ou faz algo que nos deixa furioso, nós sofremos. Temos a tendência de retaliar falando ou fazendo algo que faça o outro sofrer, na esperança de assim sofrer menos. Pensamos: "Eu quero puni-lo, quero fazer você sofrer, porque você me fez sofrer. E quando eu vê-lo sofrendo muito, vou me sentir melhor".

Muitos de nós estamos inclinados a acreditar nesta prática tão infantil. O fato é que quando você faz o outo sofrer, ele vai tentar encontrar alívio fazendo você sofrer mais. O resultado é uma escalada de sofrimento em ambos os lados. Vocês dois precisam de compaixão e de ajuda. Nenhum dos dois precisa de punição.

Quando estiver com raiva, volte-se para dentro de si e cuide muito bem da sua raiva. E quando alguém lhe fizer sofrer, retorne para dentro de si e cuide bem do seu sofrimento e raiva. Não fale ou faça coisa alguma. Qualquer coisa que você disser ou fizer em estado de raiva pode prejudicar ainda mais o seu relacionamento. A maioria de nós não faz isso. Não queremos nos voltar para dentro. Queremos perseguir a outra pessoa para puni--la, ou puni-lo.

Quando sua casa está em chamas, a coisa mais urgente a ser feitar é retornar e tentar apagar o fogo – não correr atrás da pessoa que você acredita ser o incendiário. Se sair correndo atrás da pessoa que você suspeita ter ateado fogo em sua casa, sua casa poderá ser totalmente incendiada. Isso não é inteligente. Você deve voltar e apagar o fogo. Então, se quando você estiver com raiva, continuar a interagir e argumentar com a outra pessoa, se tentar puni-la, estará agindo exatamente como alguém que corre atrás do incendiário deixando o incêndio se alastrar.

Instrumentos para resfriar as chamas

Buda nos ofereceu instrumentos muito eficazes para apagar o nosso incêndio interno: o método de respirar conscientemente, o método de andar conscientemente, o método de acolher nossa raiva, o método de examinar em profundidade a natureza das nossas percepções, e o método de olhar a outra pessoa profundamente, a fim de compreender que ela também sofre muito e precisa de ajuda. Esses métodos são muito práticos, e todos vêm diretamente de Buda.

Inspirar conscientemente significa sentir o ar entrando no seu corpo, e expirar conscientemente significa saber que seu corpo está permutando ar. Assim, você está em contato com o ar e com o seu corpo. E como sua mente está atenta a tudo isso, você também está em contato com sua mente, tal como ela está. Para entrar em contato consigo mesmo e com tudo mais à sua volta, você só precisa respirar conscientemente uma vez, e outras três para manter o contato.

Quando você não está em pé parado, sentado ou deitado, você está se deslocando. Mas para onde você está indo? Você já chegou. Com cada passo que dá, você pode chegar no momento presente, e entrar na Terra Pura ou no Reino de Deus. Quando você estiver andando de um lado a outro da sala, ou de um prédio a outro, sinta o contato dos seus pés com o chão e esteja consciente do ar que entra e sai do seu corpo. Isso pode lhe ajudar a descobrir quantos passos você pode dar confortavelmente enquanto inspira e quantos, enquanto expira. Ao inspirar, você pode dizer "inspirando", e ao expirar, pode dizer "expirando". Assim você estará, o dia inteiro, praticando o andar meditativo. Esta prática é sempre possível e, portanto, tem o poder de transformar nossa vida cotidiana.

Muita gente gosta de ler livros sobre várias tradições espirituais ou gosta de executar rituais, mas não quer muito praticar os ensinamentos dessas tradições. Os ensinamentos podem nos transformar independentemente de qual religião ou tradição espiritual a gente pertença, mas só se nós estivermos dispostos a praticá-los. Vamos ser transformados, de um mar de fogo em um lago refrescante. Desta maneira, não só paramos de sofrer como também nos tornamos uma fonte de alegria e felicidade para muitas pessoas à nossa volta.

Como fica nossa aparência quando estamos com raiva?

Toda vez que a raiva surgir, pegue um espelho e olhe para você. Quando você está furioso(a), você não fica muito bonito(a), você não está apresentável. No seu rosto, centenas de músculos estão muito tensionados. E sua face se parece com uma bomba prestes a explodir. Observe alguém que está furioso(a). Ao ver a tensão dele(a), você fica com medo. A bomba dentro daquela pessoa pode explodir a qualquer instante. Por isso, é muito bom que você olhe para si mesmo naqueles momentos em que estiver com raiva. É um sino despertador da consciência. Ao se ver desse jeito, você fica motivado a fazer algo para mudar. Você sabe o que fazer para embelezar sua aparência. Você não precisa de cosméticos. Você só precisa respirar de forma tranquila e calma, e sorrir consciente de estar sorrindo. Se conseguir fazer isso uma ou duas vezes, sua aparência já vai melhorar muito. Apenas se olhe no espelho, inspirando calmamente e expirando um sorriso, e você se sentirá aliviado.

A raiva é um fenômeno psicológico, mental, que também está intimamente atrelado a elementos bioquímicos e biológicos. A raiva faz com que você tensione seus músculos, mas quando você consegue sorrir, já começa a relaxar e sua raiva diminuirá. Sorrir permite que a energia da atenção consciente brote em você e lhe ajude a acolher sua raiva.

Antigamente, os servos dos reis e rainhas sempre tinham que carregar consigo um espelho, pois precisavam estar com a aparência perfeita sempre que alguém fosse ser apresentado ao imperador. Então, por uma questão de normas de conduta, as pessoas carregavam um espelhinho dentro de uma pochete. Tente isso. Leve um espelho consigo e olhe-se para ver em que estado você está. Depois de inspirar e expirar algumas vezes, sorrindo para si mesmo, a tensão terá desaparecido e você vai se sentir mais aliviado.

Abraçando a raiva com a luz da atenção consciente

A raiva é como um bebê urrando, sofrendo e chorando. O bebê precisa que a mãe o abrace. Você é a mãe do seu bebê, da sua raiva. No momento em que começa a praticar respirando atenta e conscientemente, você tem a energia de uma mãe, para envolver e acalentar seu bebê. O simples fato de acolher sua raiva, inspirando e expirando, é suficientemente bom. O bebê vai se sentir aliviado imediatamente.

Todas as plantas são nutridas pela luz solar. Todas são sensíveis ao sol. Toda vegetação envolta na luz solar experimenta uma transformação. Pela manhã, as flores ainda não abriram. Mas quando o sol aparece, a luz solar envolve as flores e tenta penetrá-las. Os raios solares são feitos de minúsculas partículas, os fótons. Os fótons penetram gradualmente cada uma das flores até que haja muitos deles dentro delas. Naquele ponto a flor não consegue mais resistir e tem que se abrir à luz solar.

Do mesmo modo, todas as formações mentais e formações psicológicas dentro de nós são sensíveis à atenção consciente. Se a atenção consciente estiver presente envolvendo seu corpo, ele se transformará. Se sua atenção consciente estiver presente envolvendo sua raiva ou desespero, eles também serão transformados. De acordo com Buda e também com nossa experiência, qualquer coisa envolta na energia da atenção consciente atravessará uma transformação.

Sua raiva é como uma flor. No início você pode não compreender bem a natureza da sua raiva, ou porque ela se manifestou. Mas se você souber envolvê-la com a energia da sua atenção consciente, ela começará a se abrir. Você pode estar sentado, seguindo sua respiração; ou andando em meditação com o intuito de gerar e envolver sua raiva com a energia da sua atenção consciente. Depois de dez ou vinte minutos sua raiva terá que se abrir para você, e de repente você compreenderá a verdadeira natureza da sua raiva. Ela pode ter surgido simplesmente por causa de uma percepção distorcida ou de uma inabilidade sua.

Cozinhando a raiva

Você precisa sustentar sua atenção consciente por determinado tempo para que a flor da raiva se abra. É como cozinhar batatas; você coloca as batatas na panela com água, tampa a panela e acende o fogo. Mas mesmo com um fogo muito alto, se a cada cinco minutos, você ligar e desligar o fogo as batatas não vão cozinhar. Você tem que deixar o fogo aceso por pelo menos quinze ou vinte minutos para as batatas cozinharem. Depois disso, você abre a tampa e sente o maravilhoso aroma das batatas cozidas.

Sua raiva é assim, ela precisa ser cozinhada. No início, está crua. Você não pode comer batatas cruas. É muito difícil apreciar a raiva, mas se você souber cuidar dela, cozinhá-la, a energia negativa da sua raiva se transformará em energia positiva de compreensão e compaixão.

Você pode fazer isso. Isso não é algo que somente os Grandes Seres conseguem fazer. Você pode transformar o lixo da raiva numa flor de compaixão. Muitos de nós podemos fazer isso em apenas quinze minutos. O segredo é você continuar a prática de respirar conscientemente, andar conscientemente, gerando a energia da atenção consciente para acolher sua raiva. Acolha sua raiva com muita ternura. Sua raiva não é um inimigo seu; sua raiva é um bebê seu. É como seu estômago ou pulmões. Toda vez que você tem algum problema nos pulmões ou estômago, não pensa em jogá-los fora. O mesmo se aplica à sua raiva. Você aceita sua raiva porque sabe que pode cuidar bem dela; você pode transformá-la em energia positiva.

Transformando o lixo em flores

O jardineiro orgânico não pensa em jogar fora o lixo perecível. Ele sabe que precisa do lixo. E sabe que é capaz de transformar os restos em adubo composto, para assim o adubo se transformar novamente em alface, pepinos, rabanetes e flores. Enquanto praticante, você é um tipo de jardineiro, um jardineiro orgânico.

Raiva e amor são orgânicos por natureza, e isso significa que ambos podem mudar. O amor pode ser transformado em ódio. Vocês sabem disso muito bem. Muitos de nós começamos um relacionamento com um grande amor, um amor muito intenso. Tão intenso que acreditamos que, sem nosso(a) companheiro(a), não poderemos sobreviver. Mas se não praticarmos a atenção consciente, leva um ou dois anos apenas para o nosso amor ser transformado em ódio. Então, na presença do nosso companheiro temos o sentimento oposto, nós nos sentimos mau. Torna-se impossível continuar vivendo juntos e o divórcio é a única solução. O amor se transformou em ódio: nossa flor se transformou em lixo. Mas com a energia da atenção consciente, você pode observar o lixo e dizer: "Eu não tenho medo. Eu sou capaz de transformar o lixo de volta em amor".

Se você vê elementos do lixo dentro de si, como medo, desespero e ódio, não entre em pânico. Sendo um bom jardineiro, uma boa praticante você pode enfrentar isso: "Eu reconheço que há lixo dentro de mim. Vou transformar esse lixo em adubo nutritivo que pode fazer o amor ressurgir".

Aqueles que confiam na prática não pensam em fugir de um relacionamento difícil. Quando você sabe as técnicas de respirar, andar e sentar em atenção consciente, comer atenta e conscientemente, você pode gerar a energia da atenção consciente e acolher sua raiva e desespero. Só o fato de acolhê-los, já vai lhe aliviar. Então, à medida que continua acolhendo, você pode praticar contemplando profundamente a natureza da sua raiva.

Então a prática tem duas fases. A primeira fase é acolher e reconhecer: "Minha querida raiva, eu sei que você está aí, e estou cuidando bem de você". A segunda fase é contemplar profundamente a natureza da sua raiva para ver como ela surgiu.

Cuidando do seu bebê-raiva

Você tem que ser como uma mãe atendendo os gritos do seu bebê. Se estiver trabalhando na cozinha e ouvir os gritos do bebê, a mãe interrompe o que está fazendo para ir acalentar o bebê. Pode ser que esteja preparando uma sopa muito deliciosa; a sopa é importante, mas muito menos importante do que o sofrimento do bebê. Ela põe a sopa de lado e vai até o quarto do bebê. A chegada dela no quarto é como os raios do sol, pois a mãe é cheia de calor, interesse e ternura. A primeira coisa que ela faz é pegar o bebê e abraçá-lo carinhosamente. Quando a mãe abraça o bebê, a energia dela penetra nele e o conforta. Isso é exatamente o que você precisa aprender a fazer quando a raiva vier à tona. Você precisa abandonar tudo o que estiver fazendo, pois sua tarefa mais importante é voltar-se para dentro de si e cuidar do seu bebê, sua raiva. Nada é mais urgente do que cuidar do seu bebê.

Você se lembra de quando era uma criancinha e tinha febre, e embora lhe dessem uma aspirina ou outro remédio, você não se sentia melhor até que sua mãe viesse e colocasse a mão na sua testa queimando? Aquele toque fazia você se sentir tão bem! A mão dela era como a mão de uma deusa. Quando ela tocava você, muita suavidade, amor e compaixão penetravam seu corpo. A mão de sua mãe é sua própria mão. A mão dela ainda está viva na sua, se você souber inspirar e expirar para se conscientizar disso. Depois, ao tocar sua testa com a própria mão, você verá que a mão de sua mãe ainda existe e está tocando sua testa. Você terá a mesma energia de amor e ternura por si mesmo.

A mãe segura o bebê nos braços com cuidado, totalmente concentrada nele. E o bebê já se sente um pouco aliviado por estar sendo sustentado carinhosamente pela mãe, como uma flor envolta na luz solar. Ela não segura o bebê só por segurar, mas também para descobrir o que há de errado com ele. Por ser uma mãe muito verdadeira e talentosa, ela descobre rapidamente o que há de errado com ele. Ela é uma especialista em bebês.

Enquanto praticantes, temos que ser especialistas em raiva. Temos que dar atenção à nossa raiva, e temos que praticar até que compreendamos as raízes da nossa raiva e como ela atua.

Sustentando seu bebê

Ao sustentar conscientemente o bebê, a mãe descobre rapidamente a causa do sofrimento dele. Então, torna-se bem fácil para ela corrigir a situação. Se o bebê estiver com febre, ela dará a ele algum medicamento que ajude a baixar a febre. Se estiver com fome, ela vai alimentá-lo com leite morno. Se a fralda dele estiver muito apertada, ela vai afrouxá-la.

Enquanto praticantes, fazemos exatamente a mesma coisa. Nós sustentamos cuidadosamente o nosso bebê-raiva para assim obter algum alívio. Nós continuamos a prática de respirar e andar conscientemente, como uma forma de acalentar nossa raiva. A energia da atenção consciente penetra a energia da raiva, exatamente como a energia da mãe penetra a energia do bebê. Não há diferença de forma alguma. Se você souber como respirar conscientemente, sorrir e andar em meditação, com certeza, ficará aliviado em cinco, dez ou quinze minutos.

Descobrindo a verdadeira natureza da sua raiva

No momento em que fica com raiva, você tende a achar que sua infelicidade foi criada por outra pessoa. Você acusa alguém por todo seu sofrimento. Mas ao contemplar profundamente é possível que perceba que a principal causa do seu sofrimento é a semente de raiva em você. Muitas pessoas, enfrentando a mesma situação, não ficariam furiosas como você. Ouvem as mesmas palavras, veem a mesma situação, e, no entanto, são capazes de permanecerem calmas e de não serem arrastadas. Por que será que você fica com raiva tão facilmente? É possível que você fique irado(a) com facilidade, porque suas sementes de raiva estão fortes demais. E como, no passado, você não praticou os métodos de cuidar bem da sua raiva, a semente da raiva esteve sendo regada em você com muita frequência.

Todos nós temos uma semente de raiva nas profundezas da nossa consciência. Mas em alguns de nós, esta semente de raiva está maior do que as outras sementes – como as sementes de amor e compaixão. Pode ser que a semente de raiva esteja mais forte porque, no passado, não praticamos. Quando começamos a cultivar a energia da atenção consciente, o primeiro lampejo que temos é que a principal causa do nosso sofrimento, da nossa infelicidade não é a outra pessoa – é a semente de raiva em nós. Então vamos parar de culpar a outra pessoa de ter causado todo o nosso sofrimento. Compreendemos que ele ou ela é somente uma causa secundária.

Você fica muito aliviado quando tem esse tipo de discernimento, e começa a sentir-se bem melhor. Mas pode ser que a outra pessoa ainda esteja no inferno, pois não sabe como praticar. Depois de ter cuidado da sua raiva, você se conscientiza de que a outra pessoa continua sofrendo. Então agora você pode focar sua atenção no outro.

Ajudar sim, punir não

Quando alguém não sabe lidar com o próprio sofrimento, deixa-o transbordar sobre todas as pessoas à sua volta. Quando você sofre, faz com que as pessoas à sua volta sofram.

Isso é muito natural. Por isso temos que aprender a administrar o próprio sofrimento, para não espalhá-lo por toda parte.

Quando você é, por exemplo, o chefe de uma família, sabe que o bem-estar dos membros da sua família é muito importante. Como tem compaixão, você não permite que seu sofrimento prejudique as pessoas à sua volta. Você pratica para aprender a lidar com o seu sofrimento, pois sabe que o sofrimento não é uma questão individual, sua felicidade não é uma questão individual.

Quando alguém está furioso e não sabe lidar com a própria fúria, sente-se impotente e sofre. E também faz com que pessoas em torno dele sofram. A princípio você sente que a pessoa merece punição. Você quer puni-la, porque ela lhe fez sofrer. Mas depois de dez, quinze minutos andando em meditação e contemplando profundamente, você percebe que o que ela precisa sim é de ajuda, não de punição. Este é um bom discernimento.

Essa pessoa pode ser alguém muito próxima a você – pode ser sua esposa, pode ser seu marido. Se você não ajudar ele ou ela, quem irá?

Como você sabe acolher sua raiva, agora se sente muito melhor, mas você vê que a outra pessoa continua a sofrer. Este discernimento lhe motiva a se voltar para ele ou ela. Ninguém pode ajudar, só você. Agora você está desejando muito retornar e ajudar. É um tipo de pensamento completamente diferente – não há mais o desejo de punir. Sua raiva foi transformada em compaixão.

A prática da atenção consciente dá acesso à concentração e ao discernimento. Discernimento é o fruto da prática, que pode nos ajudar a perdoar e amar. Num período de quinze ou trinta minutos, as práticas da atenção consciente, concentração e discernimento podem libertar você da sua raiva e lhe transformar numa pessoa amorosa. Esta é a força do Darma, o milagre do Darma.

Interrompendo o ciclo da raiva

Tinha um menino de 12 anos que costumava vir à Plum Village todo verão praticar com outros jovens. Ele tinha um problema com o pai dele, pois toda vez que ele cometia um erro ou caía e se feria, em vez de ajudar, o pai gritava com ele e o chamava de todo tipo de nomes: "Seu menino imbecil! Como você pode fazer algo assim com você?" Isso acontecia só porque o menino tinha caído e se ferido. Então o menino não via o pai como um pai amoroso, ou um bom pai. Ele prometeu a si mesmo que quando crescesse, se casasse e tivesse filhos, ele jamais iria tratar os filhos desse jeito. Se seu filho se machucasse e sangrasse quando estivesse brincando, não gritaria com ele. Ele iria abraçá-lo e tentar ajudá-lo.

No segundo ano em que veio à Plum Village, ele chegou com a irmã mais nova. A irmã dele estava brincando com outras meninas numa rede e de repente caiu, bateu com a cabeça numa pedra e o sangue começou a escorrer pelo rosto dela. De repente, o rapazinho sentiu a energia da raiva surgindo. Ele estava prestes a gritar com sua irmã mais nova: "Sua menina imbecil! Como pode fazer algo assim com você mesma?" Ele estava prestes a fazer a mesma coisa que seu pai tinha feito com ele. Mas como tinha praticado em Plum Village durante dois verões, ele foi capaz de se conter. Ao invés de gritar, ele começou a praticar caminhando em meditação, respirando conscientemente enquanto outras pessoas ajudavam sua irmã. Em apenas cinco minutos ele experimentou um momento iluminado. Ele viu que sua reação, sua raiva, era um tipo de energia habitual que seu pai tinha lhe transmitido. Ele tinha se tornado exatamente como o pai, uma continuação do pai. Ele não queria tratar sua irmã daquele jeito, mas a energia transmitida por seu pai era tão forte que ele quase repetia exatamente o que o pai tinha feito com ele.

Para um menino de 12 anos, isso foi um grande despertar. Ele continuou andando, e de repente, ficou com muito desejo de praticar para transformar esta energia do hábito, para que assim não a transmitisse aos seus filhos. Ele sabia que somente a prática da atenção consciente poderia ajudá-lo a interromper este ciclo de sofrimento.

O garoto também foi capaz de ver que seu pai igualmente tinha sido vítima da transmissão da raiva. É possível que seu pai não quisesse tratá-lo daquele jeito, mas assim o fez, porque a energia habitual era forte demais nele. No momento em que teve esta sacada, de que o pai também tinha sido vítima da transmissão, toda raiva que ele tinha do pai sumiu. E minutos depois, teve um desejo súbito de voltar para casa e convidar o pai para praticar com ele. Para um rapazinho de 12 anos, essa foi uma grande realização.

Um bom jardineiro

Quando você compreende o sofrimento da outra pessoa, você é capaz de transformar o seu desejo de punir, e então vai querer somente ajudar a outra pessoa. Neste momento, você sabe que sua prática foi bem-sucedida. Você é um bom jardineiro, uma boa jardineira.

Em cada um de nós há um jardim, e cada praticante tem que se voltar ao jardim para cuidar dele. Talvez no passado você tenha descuidado dele por muito tempo. Você deve saber exatamente o que está acontecendo no seu próprio jardim e procurar colocar tudo em ordem. Restaure a beleza; restaure a harmonia do seu jardim. Se estiver bem cuidado, muita gente vai apreciar seu jardim.

Cuidando de si mesmo, cuidando do outro

Quando éramos crianças, nossos pais e mães nos ensinaram como respirar, como andar, como sentar, comer e falar. Mas quando ingressamos na prática, renascemos como seres espirituais. Então temos que reaprender a respirar conscientemente. Reaprendemos a andar conscientemente. Queremos aprender a ouvir atentamente e com compaixão. Queremos reaprender a falar com a linguagem do amor, a honrar nosso compromisso original:

"Querido(a), estou sofrendo. Estou com raiva. Quero que você saiba disso" – esta é uma expressão de fidelidade ao seu compromisso. "Querido(a), estou fazendo o melhor que posso. Estou cuidando bem da minha raiva; faço isso por mim e também por você. Eu não quero explodir, destruir-me e destruir você. Estou me empenhando ao máximo. Estou pondo em prática o que aprendi com meu professor e minha sanga." Esta expressão de fidelidade vai inspirar respeito e confiança no outro. E por fim: "Querido(a), eu preciso da sua ajuda". Esta é uma afirmação muito corajosa, pois normalmente quando tem raiva, você tem a tendência de dizer: "Eu não preciso de você".

Se você conseguir falar estas três frases com sinceridade, e do fundo do seu coração, acontecerá uma transformação na outra pessoa. Não duvide da eficácia desta prática. Você influencia a outra pessoa a começar a praticar, também, só por causa do seu comportamento. Ela pensará: "Ele é leal comigo. Ele está mantendo o compromisso dele. Ele está tentando dar o melhor de si. Devo fazer o mesmo".

Então ao cuidar bem de si mesmo, você cuida bem da pessoa amada. O amor-próprio é o alicerce da sua capacidade de amar a outra pessoa. Se você não cuidar de si mesmo, se não estiver feliz, se não estiver tranquilo, não consegue fazer o outro feliz. Você não consegue ajudar o outro; não consegue amar. Sua capacidade de amar o outro depende totalmente da sua capacidade de amar a si mesmo, de cuidar de si mesmo.

Curando a criança ferida dentro de si

Muitos de nós ainda temos uma criança ferida viva em nosso interior. Nossas feridas podem ter sido causadas pelo nosso pai ou nossa mãe. Nosso pai pode ter sido ferido quando criança. Nossa mãe também pode ter sido ferida quando era uma menininha. Como não souberam curar as feridas da infância, eles nos transmitiram suas feridas. Se não aprendermos como transformar e curar as feridas dentro de nós, vamos transmiti-las aos nossos filhos e filhas, netos e netas. É por isso que temos que nos voltar para a criança ferida dentro de nós, para ajudá-la a se curar.

Às vezes a criança ferida dentro de nós precisa de toda a nossa atenção. Aquela criança pode emergir das profundezas da nossa consciência, e pedir nossa atenção. Se você estiver consciente, ouvirá a voz dela lhe pedindo ajuda. Naquele momento, em vez de contemplar o belo amanhecer, você se volta carinhosamente para abraçar sua criança interna. "Inspirando, volto-me para minha criança ferida. Expirando, vou cuidar bem da minha criança ferida."

Para cuidar bem de nós mesmos, devemos regressar e cuidar bem da criança ferida dentro de nós. Você precisa praticar diariamente voltando-se para sua criança ferida. Você precisa abraçá-la carinhosamente como se fosse seu irmão mais velho ou irmã mais velha. É preciso conversar com a criancinha no seu interior. Você pode escrever uma carta de duas ou três páginas para ela, dizendo que reconhece a presença dela em você e que fará tudo o que pode para curar suas feridas.

Quando falamos em ouvir compassivamente, geralmente pensamos em ouvir outra pessoa. Mas devemos também ouvir a criança em nosso interior. A criança ferida em nós existe no momento presente. E podemos curá-la agora mesmo. "Minha querida criancinha ferida, eu estou aqui a seu dispor, pronta para lhe ouvir. Por favor, fale para mim do seu sofrimento, de toda sua dor. Eu estou aqui realmente ouvindo." E se você souber como se voltar para ela, para escutá-la dessa maneira todo dia, por cinco ou dez minutos, a cura acontecerá. Quando estiver subindo uma linda montanha, convide sua criancinha interna para subi-la com você. Quando estiver contemplando um lindo pôr do sol, convide-a para apreciá-lo junto com você. Se fizer isso, em algumas semanas ou poucos meses, a criança ferida será curada dentro de você. A energia que pode nos ajudar a fazer isso é a da atenção consciente.

Tornando-se uma pessoa livre

Um minuto de prática significa um minuto gerando a energia da atenção consciente. Essa energia não vem de fora; vem de dentro de você. A energia da atenção consciente é o tipo de energia que nos ajuda a estar aqui, totalmente presentes no aqui e agora. Quando você bebe uma xícara de chá atentamente, seu corpo e mente estão perfeitamente unidos. Você é real, e o chá que está bebendo também se torna uma realidade. Quando você senta numa cafeteria, com muita música ambiente e muitos projetos na cabeça, você não está realmente bebendo seu café ou seu chá. Você está bebendo seus projetos, está bebendo suas preocupações. Você não é real, e o café tampouco. O seu chá ou café só podem se revelar para você como realidade quando você se volta para dentro de si e produz sua verdadeira presença, libertando-se do passado, do futuro e das suas preocupações. Quando você é real, o chá também se torna real e o encontro entre você e o chá é genuíno. Isso significa beber chá verdadeiramente.

Você pode organizar uma meditação do chá, que dê oportunidade aos seus amigos de praticarem o estar realmente presentes enquanto desfrutam uma xícara de chá e a presença uns dos outros. O encontro meditativo do chá é uma prática. Uma prática que nos ajuda a ser livres. Se você ainda estiver amarrado e aprisionado ao passado, se ainda estiver temendo o futuro, se ainda estiver sendo arrastado por seus projetos, seus medos, ansiedade e raiva, você não é uma pessoa livre. Você não está totalmente presente no aqui e agora, então a vida não está realmente disponível para você. O chá, a outra pessoa, o céu azul, a flor não estão disponíveis para você. Para estar realmente vivo, em contato profundo com a vida, você tem que se tornar uma pessoa livre. Cultivar a atenção consciente pode lhe ajudar a ser livre.

A energia da atenção consciente é a energia de estar presente; corpo e mente unidos. Quando você pratica respirando e andando atentamente, torna-se uma pessoa livre do passado, livre do futuro, livre dos seus projeto, e se torna totalmente vivo e presente de novo. Liberdade é a condição básica para você entrar em contato com a vida, e tocar o céu azul, as árvores, os pássaros, o chá, e a outra pessoa. Por isso, é tão importante praticar a atenção consciente. Mas você precisa treiná-la durante vários meses para ser capaz de praticá-la. uma hora de prática pode lhe ajudar a ser mais atento e consciente. Treine-se para beber seu chá conscientemente, e ser tornar uma pessoa livre enquanto bebe o chá. Treine-se para ser uma pessoa livre enquanto prepara seu café da manhã. Qualquer momento do dia é uma oportunidade para você treinar-se na atenção consciente e gerar esta energia.

Querido(a), sei que você existe e estou muito feliz

Com atenção consciente, você pode reconhecer o que existe no momento presente, inclusive a pessoa que você ama. Quando você consegue dizer ao ser amado: "Querido(a), eu sei que você existe, e estou muito feliz", isso prova que você é uma pessoa livre. Prova que você tem atenção consciente, tem a capacidade de apreciar, para valorizar o que está acontecendo no momento presente. O que está acontecendo no momento presente é vida. Você ainda está vivo(a) e a pessoa que você ama ainda está ali, viva, diante de você.

É muito importante a quantidade de atenção consciente que você cultiva dentro de si. Você envolve a outra pessoa com a energia da atenção consciente, olha, de forma amorosa, para ele ou para ela e diz: "Querido(a), é maravilhoso que você esteja aqui, vivo(a). Isso me deixa tão feliz". Não é só você quem está feliz. A outra pessoa também está feliz, pois ele ou ela foi envolvido(a) por sua atenção consciente. Quando consegue estar com a outra pessoa dessa forma, as chances de ficar com raiva já são muito menores.

Qualquer um pode praticar isso e você não precisa de oito meses de prática para conseguir. Você precisa apenas de um ou dois minutos respirando ou andando conscientemente, a fim de se restabelecer no aqui e agora, para estar vivo de novo. Então você se dirige ao outro, olha nos olhos dele, sorri e faz esta declaração: "Querido(a), é tão maravilhoso que você esteja aqui, vivo(a). Isso me deixa muito feliz".

A atenção consciente faz com que você e a outra pessoa sejam felizes e livres. A outra pessoa pode estar aprisionada em preocupações, raiva e esquecimento, mas com atenção você pode salvar você e ela. Atenção consciente é a energia de Buda, a energia da iluminação. Buda está presente e abraçando amorosamente vocês dois sempre que vocês estão conscientes e atentos.

3
A linguagem do verdadeiro amor

Uma conversa pacífica

Nós praticamos com nossa família, praticamos com nossos amigos espirituais porque sozinhos não conseguimos ter sucesso facilmente. Precisamos de aliados. No passado, éramos aliados em causar mais sofrimento um ao outro, aliados na escalada da raiva. Agora nós queremos ser aliados em cuidar bem da nossa aflição, da nossa raiva e frustração. Queremos negociar uma estratégia de paz.

Inicie uma conversa pacificadora com seu amado, com sua amada: "Querido(a), no passado, causamos tanto sofrimento um para o outro. Nós dois fomos vítimas da nossa raiva. Criamos um inferno para o outro. Agora eu quero mudar. Quero que sejamos aliados, para que possamos proteger um ao outro, praticar juntos e transformar nossa raiva juntos. Vamos construir uma vida melhor a partir de agora, baseada na prática da atenção consciente. Querido(a), eu preciso da sua ajuda. Eu preciso do seu apoio, eu preciso da sua colaboração, eu não posso ter êxito sem você". Você tem que dizer essas palavras para o seu companheiro, sua companheira, seu filho, sua filha – é hora de fazer isso. Isso significa despertar. Isso é amor.

Você pode atingir alguma iluminação só pelo fato de ouvir cinco minutos de uma palestra do Darma. Mas você tem que manter esta iluminação na sua vida cotidiana, para assim levá-la para casa e aplicá-la no seu dia a dia. À medida que a iluminação cresce em você, a confusão e ignorância terão que se recolherem. A iluminação não influenciará somente o seu pensamento, mas também o seu corpo e estilo de vida. Então é muito importante que você se dirija ao seu parceiro, ao seu amado e negocie uma estratégia de paz, uma estratégia de consumo, uma estratégia de proteção. Você tem que levar o seu melhor: talentos, habilidades, tudo, para ter sucesso nessa mesa de negociação, e assim parar de fazer o outro sofrer. Você quer recomeçar de uma nova maneira, você quer se transformar. A decisão de convencer a outra pessoa é sua.

Restabelecendo a comunicação

Fazia cinco anos que um jovem estadunidense não falava com o pai dele. Era totalmente impossível conversar. Um dia ele entrou em contato com o Darma e isso o impactou profundamente. Ele queria recomeçar de uma nova maneira, mudar de vida. Então ele decidiu se tornar um monge. Ele tinha muita vontade de aprender, e passava três, quatro meses com a sanga de Plum Village e provou que era capaz de se tornar monge. Desde o dia da sua chegada em nosso centro, que ele praticava o consumo consciente, andava e sentava em meditação, participando de todas as atividades da sanga.

Ele não esperava coisa alguma do pai, só começou a trabalhar em si mesmo. Graças àquele estilo de vida, fazendo as pazes consigo mesmo, ele pode escrever para o pai toda semana. Sem esperar uma resposta de forma nenhuma, ele escrevia para o pai contando sobre sua prática, e pequenas alegrias que sentia todo dia. Seis meses depois, ele pegou o telefone e inspirou e expirou conscientemente. Isso o ajudou a permanecer calmo. Discou o número e o seu pai atendeu. O pai dele sabia que ele tinha se tornado monge, e estava com muita raiva por causa disso. Então a primeira coisa que ele disse foi: "Você ainda continua com aquele grupo? Você ainda é monge? Qual é o seu futuro?" O jovem rapaz respondeu: "Papai, minha maior preocupação agora é saber como posso estabelecer um bom relacionamento com você. Isso me deixaria muito feliz. Essa é a coisa mais importante para mim. Ser capaz de me comunicar novamente com você, poder me reaproximar, este é o meu único interesse. É mais importante do que qualquer coisa, inclusive o futuro".

O pai permaneceu em silêncio por muito tempo. O jovem monge apenas continuou seguindo sua respiração. Finalmente o pai falou: "Combinado, eu aceito. Isso é importante para mim também". Portanto, raiva não era a única coisa que o pai sentia pelo filho. Em muitas cartas, o jovem rapaz escreveu sobre coisas belas que nutriam os elementos positivos no pai dele. Daquele dia em diante, o pai telefonava para ele toda semana. A comunicação foi restabelecida, e a felicidade de ambos, pai e filho, agora se tornou uma realidade.

A paz começa com você

Antes de podermos fazer mudanças profundas em nossas vidas, temos que examinar nossa dieta, a forma como consumimos. Temos que viver de um modo tal, que paramos de consumir coisas que nos envenenam e intoxicam. Assim teremos a força que permite que o nosso melhor surja, e deixaremos de ser vítimas da raiva, da frustração.

Tudo é possível quando a porta da comunicação se abre. Portanto devemos nos empenhar na prática de se abrir para restabelecer a comunicação. Você tem que expressar sua vontade, seu desejo de fazer as pazes com a outra pessoa. Peça o apoio dela. Diga ao outro: "A comunicação entre nós é a coisa mais importante para mim. Nosso relacionamento é a coisa mais preciosa, nada é mais importante". Deixe isso claro e peça apoio.

Você tem que começar negociando uma estratégia. Independentemente de o quanto a outra pessoa seja capaz de fazer, você deve fazer sozinho(a) tudo o que é capaz de fazer. Você deve se doar cem por cento. Tudo o que você pode fazer para si mesmo, você faz para ele ou ela. Não espere. Não imponha condições, dizendo, "Se você não se esforçar para reconciliar, eu também não vou me esforçar". Assim não dará certo. Paz, reconciliação e felicidade começam com você.

É errado pensar que se a outra pessoa não mudar ou melhorar, então nada pode ser melhorado. Sempre há formas de se criar mais alegria, paz e harmonia, e você tem acesso a elas. A maneira como você anda, como respira, sorri, reage, tudo isso é muito importante. Você deve começar por aí.

Há muitas formas de comunicação e a melhor delas é demonstrar que você não sente mais raiva ou condenação.

Demonstre que compreende e aceita a outra pessoa. Você comunica isso não só com palavras, mas também com seu estado de ser – com seus olhos cheios de compaixão e ações repletas de ternura. O fato de estar refeito e ser alguém agradável de estar por perto já muda muito. Ninguém consegue resistir a aproximação com você. Você se torna uma árvore, uma sombra fresca, um córrego de água refrescante. Tanto as pessoas como os animais vão querer se aproximar de você porque sua presença é animadora e divertida. Quando começa consigo mesmo, você será capaz de restabelecer a comunicação, e a outra pessoa mudará naturalmente.

Tratado de paz

Nós dizemos ao nosso amado: "Meu querido, no passado, nós fizemos o outro sofrer tanto, porque nenhum de nós dois era capaz de lidar com a própria raiva. Agora nós temos que trabalhar uma estratégia para cuidar da nossa raiva". O Darma pode remover o calor da raiva, e a febre do sofrimento. É uma sabedoria que pode proporcionar paz e alegria no aqui e agora. Nossa estratégia de paz e reconciliação deve ser baseada nisso.

Toda vez que a energia da raiva vem à tona, geralmente, nós queremos expressá-la para punir a outra pessoa que acreditamos ser a fonte do nosso sofrimento. Esta é a energia do hábito em nós. Quando sofremos, sempre queremos culpar alguém por ter-nos feito sofrer. Não percebemos que a raiva, antes de tudo, é da nossa conta. Somos os principais responsáveis por nossa raiva, entretanto, muito ingenuamente acreditamos que se pudermos dizer alguma coisa ou fazer algo para punir a outra pessoa, vamos sofrer menos. Este tipo de crença deve ser erradicado. Pois qualquer coisa que você fizer ou disser em estado de raiva só causará mais prejuízo ao relacionamento. Pelo contrário, quando estivermos com raiva, não devemos tentar fazer ou falar coisa alguma.

Quando você fala algo realmente indelicado, quando faz algo em retaliação, sua raiva aumenta. Você faz o outro sofrer, e ele vai tentar ao máximo revidar dizendo ou fazendo algo para aliviar o sofrimento dele. Desse modo, há uma escalada do conflito. Isso já aconteceu tantas vezes antes. Vocês dois estão familiarizados com a escalada da raiva e do sofrimento, mas não aprenderam coisa alguma com isso. Tentar punir o outro só vai piorar a situação.

Punir o outro é autopunição. Isso é verdade em todas as circunstâncias. Toda vez que o Exército dos Estados Unidos tenta punir o Iraque, não é só o Iraque que sofre, os Estados Unidos também sofrem. Toda vez que o Iraque tenta punir os Estados Unidos, os Estados Unidos sofrem, mas o Iraque também sofre. O mesmo acontece em todo lugar; entre israelitas e palestinos, entre mulçumanos e hinduístas, entre você e outra pessoa. Sempre foi assim. Então vamos acordar; vamos nos conscientizar de que punir o outro não é uma estratégia inteligente. Você e a outra pessoa são ambos inteligentes. Você pode usar sua inteligência. Vocês devem se reunir e entrar em acordo sobre a melhor estratégia para cuidar da sua raiva. Vocês dois sabem que não é inteligente ficar um tentando punir o outro. Então, prometam, um para o outro, que toda vez que ficar com raiva, não vai falar nem agir enquanto estiver com raiva. Em vez disso, você vai cuidar bem da sua raiva voltando-se para dentro de si, a fim de praticar respirando e andando conscientemente.

Aproveite os momentos em que estiverem felizes juntos para assinar o contrato, o seu tratado de paz, um tratado de amor verdadeiro. Seu tratado de paz deve ser escrito e assinado totalmente alicerçado no amor – não como um tratado de paz assinado por partidos políticos. Os tratados deles se baseiam somente no próprio interesse nacional. Eles ainda estão cheios de suspeição e de raiva. Mas o seu tratado de paz deve ser puramente um tratado de amor.

Acolhendo a raiva

Buda nunca nos aconselhou a reprimir nossa raiva. Ele nos ensinou a nos voltarmos para dentro e cuidar bem dela. Quando há algo de errado em nosso corpo: intestinos, estômago, fígado, temos que parar e cuidar bem deles. Fazemos alguma massagem, usamos uma bolsa de água quente, fazemos tudo o que é possível para cuidar bem deles.

Tal como nossos órgãos, a nossa raiva faz parte de nós. Quando estamos com raiva, temos que nos voltar para dentro de nós mesmos e cuidar da nossa raiva. Não podemos dizer: "Vá embora raiva, você tem que ir embora. Não quero você". Quando você tem uma dor de estômago, você não diz: "Eu não quero você estômago, desapareça". Não, você cuida dele. Do mesmo modo, temos que acolher e cuidar bem da nossa raiva. Nós a reconhecemos como ela é, a acolhemos e sorrimos para ela. A energia que nos ajuda a fazer essas coisas é a atenção consciente, andar e respirar atentamente.

A felicidade não é uma questão individual

Isso não quer dizer que você tenha que esconder sua raiva. Você deve deixar a outra pessoa saber que você está com raiva e sofre. Isso é muito importante. Quando estiver com raiva de alguém, por favor não finja não estar com raiva. Não faça de conta que não está sofrendo. Se a outra pessoa for alguém que você preza, você tem o dever de confessar que está com raiva e sofrendo. Mas fale isso ao outro de maneira calma.

No amor verdadeiro não há orgulho. Você não pode fingir que não sofre. Não pode fazer de conta que não está furioso. Esse tipo de negação se baseia em orgulho: "Com raiva? Eu? Por que eu haveria de estar com raiva? Estou bem". Mas, de fato, você não está bem. Você está no inferno. Você está ardendo de raiva, e deve contar ao seu parceiro, ao seu filho, à sua filha. Temos a tendência de dizer: "Não preciso de você para ser feliz! Posso viver sozinho(a)!" Esta atitude trai o nosso voto inicial de compartilhar tudo.

No início vocês disseram um ao outro: "Eu não posso viver sem você. Minha felicidade depende de você". Você fez declarações como esta. Mas quando está irado, você diz o oposto: "Eu não preciso de você! Não chegue perto de mim! Não me toque!" Você prefere ir para o seu quarto e trancar a porta. Você tenta ao máximo demonstrar que não precisa da outra pessoa. Isso é muito humano, uma tendência muito comum. Mas que não é sensata. A felicidade não é uma questão individual. Se um de vocês estiver infeliz, será impossível para o outro ser feliz.

1) "Querido(a), estou com raiva e sofro"

Dizer, "Querido(a), eu amo você", é bom, é importante. É natural que compartilhemos nossa alegria e bons sentimentos com nosso(a) amado(a). Mas você também tem que permitir que o outro saiba quando você estiver sofrendo, quando estiver com raiva dele ou dela. Você precisa expressar o que sente. Você tem o direito. Isso é amor verdadeiro. "Querido(a), estou com raiva de você. Estou sofrendo." Tente ao máximo dizer isso calmamente. Pode haver alguma tristeza em sua voz, isso é normal. Só não fale algo para punir ou acusar. "Querido(a), estou com raiva. Eu sofro e preciso que você saiba disso." Esta é a linguagem do amor, porque vocês prometeram um apoiar o outro, enquanto companheiros, ou enquanto marido e esposa. Pai e filho, mãe e filha também formam um par. Então mesmo que a outra pessoa seja um filho ou parente, você deve se expressar.

Você tem obrigação de revelar para ele ou ela que está sofrendo. Quando estiver feliz, compartilhe sua felicidade, com ela, com ele. Quando estiver sofrendo, compartilhe com a pessoa amada sobre seu sofrimento. Mesmo que você pense que sua raiva foi criada por aquela pessoa (com quem você está falando), você deve manter o seu compromisso mesmo assim. Conte tudo a ele ou a ela calmamente. Use a fala amorosa. Esta é a única condição.

Você deve fazer isso o mais rápido possível. Você não deve guardar sua raiva, seu sofrimento para si mesmo, por mais de vinte e quatro horas. Senão torna-se insuportável. O sofrimento pode lhe envenenar. Isso provaria que o seu amor e confiança nele ou nela é muito fraco. Por isso, você deve contar para ele ou para ela sobre o seu sofrimento, sua raiva logo que for possível. Vinte e quatro horas é o prazo máximo.

Pode ser que você não se sinta capaz de falar imediatamente com ele ou ela, pois ainda não se acalmou. Você ainda está muito irado(a). Então pratique ao ar livre, caminhando e respirando com atenção. Depois quando se sentir calma(o) e pronta(o) para compartilhar, você fala. Mas se o prazo limite se aproximar e você ainda não estiver calmo, então pode escrever. Escreva um bilhete de paz, uma mensagem de paz. Entregue sua carta e certifique-se de que ela ou ele a recebeu, antes de transcorridas as vinte e quatro horas. Isso é muito importante. Cada um de vocês deve prometer agir dessa forma quando estiver com raiva um do outro. Caso contrário, não estará respeitando os termos do seu tratado de paz.

2) "Estou fazendo o melhor que posso"

Se você estiver comprometido em transformar a situação, pode ir mais além. Você pode adicionar outra frase quando diz ao outro que está sofrendo. Você pode adicionar: "Estou fazendo o melhor que posso". Isso quer dizer que você está se abstendo de agir com raiva. Quer dizer que está praticando, andando e respirando com atenção no intuito de envolver sua raiva com energia consciente. Você está praticando de acordo com o ensinamento. Só diga: "Estou fazendo o melhor que posso", se estiver praticando. Quando está com raiva, você sabe como praticar, por isso tem o direito de dizer: "Estou fazendo o melhor que posso". Isso vai inspirar respeito e confiança na outra pessoa. "Estou fazendo o melhor que posso" significa que você está cumprindo seu compromisso de voltar-se para dentro de si para cuidar da sua raiva.

Quando você está com raiva, sua raiva é o seu bebê e você tem que cuidar dele. É como quando o seu estômago está doente, e você tem que voltar-se para si mesmo para acolher seu estômago. Seu estômago é seu bebê naquele momento. Nosso estômago é uma formação física, uma formação fisiológica, e nossa raiva é uma formação mental. Devemos cuidar da raiva tanto quanto cuidamos do estômago ou dos rins. Você não pode dizer: "Raiva, vá embora, você não me pertence". Então quando você diz: "Estou fazendo o melhor que posso", é porque você está acolhendo e cuidando da sua raiva. Você está se empenhando nas práticas de respirar e andar conscientemente para soltar a energia da raiva e transformá-la em energia positiva.

Enquanto abraça sua raiva, você pratica a contemplação profunda para compreender a natureza da sua raiva, pois sabe que pode ser vítima de uma percepção errada. Você pode ter interpretado mal o que ouviu e viu. Pode ter tido uma ideia equivocada do que foi falado e do que foi feito, e sua raiva pode ter brotado desta ignorância e percepções equivocadas. Quando você diz: "Estou fazendo o melhor que posso", você está consciente de que muitas vezes no passado você se enfureceu devido a sua percepção distorcida do que estava acontecendo. Então agora você é muito cuidadoso(a). Você se lembra que não deve ter tanta certeza de ser vítima das más ações da outra pessoa, de ser vítima das palavras da outra pessoa. Pode ter sido você mesmo que criou um inferno dentro de si.

3) "Por favor, me ajude"

A terceira frase acontece naturalmente: "Por favor, me ajude. Querida(o), eu preciso da sua ajuda". Esta é a linguagem do verdadeiro amor. Quando fica com raiva do outro, você tem a tendência de dizer o oposto: "Não me toque! Eu não preciso de você. Eu posso ficar muito bem sem você!" Mas vocês assumiram o compromisso de cuidar bem um do outro. Então é muito natural que, quando sofre, mesmo sabendo praticar, ainda precise da ajuda da outra pessoa na sua prática.

"Querido(a), eu preciso da sua ajuda. Por favor, me ajude"

Se for capaz de escrever ou falar as três frases elencadas acima você será capaz de viver o amor verdadeiro. Você está usando a linguagem autêntica do amor: "Querido(a), eu sofro e quero que você saiba disso. Querido(a), estou fazendo o melhor que posso. Estou tentando não culpar mais ninguém, inclusive você. Como somos tão próximos um do outro, como assumimos um com o outro um compromisso, sinto que preciso do seu apoio e da sua ajuda para sair desse estado de sofrimento, de raiva". Usando estas três frases para se comunicar com a outra pessoa pode rapidamente tranquilizá-la e aliviá-la. A forma como você lida com sua raiva vai inspirar muita confiança e respeito na outra pessoa e em você mesmo. Isso não é tão difícil de fazer.

Transformando a raiva juntos

Se eu fosse a outra pessoa e você compartilhasse essas três frases comigo, eu veria que você é muito verdadeiro comigo, e que seu amor por mim é realmente verdadeiro. Não é só quando está feliz que você compartilha sua felicidade;

quando sofre, você também divide o seu sofrimento. Quando você me diz que está fazendo o melhor que pode, eu confio e respeito você, porque é um verdadeiro praticante. Você está sendo leal com o que aprendeu, os ensinamentos e sua comunidade de prática. Quando pratica essas três frases, você está acolhendo, no seu coração, o seu professor e sua sanga.

Como você está dando o melhor de si, eu acabo dando o melhor de mim. Volto-me para mim mesmo(a) e pratico. Para ser digno(a) de você, tenho que contemplar profundamente, e também fazer o melhor que posso. Tenho que me questionar: "O que foi que eu disse, o que foi que fiz para fazê-lo(a) sofrer desse jeito? Por que fiz isso?" Só por ter ouvido você e lido o bilhete de paz que me entregou, eu consigo me recuperar. O Darma, depois de ter tocado você, agora está começando a me tocar, e chegou minha vez de ser habitado pela energia da atenção consciente.

Então quando a outra pessoa receber sua mensagem, aquela comunicada com palavras amáveis, ficará inspirada pelo seu amor, pelo seu modo de falar e praticar. Muito discernimento e respeito brota nela quando a mensagem é transmitida. Ela estará disposta a se voltar para dentro e reconsiderar se o que ela fez ou disse lhe causou sofrimento. Desse modo você transmitiu sua prática a outra pessoa. Ela verá que você está dando o melhor de si. E também vai querer lhe responder dando o melhor de si. Ela dirá silenciosamente para si mesmo: "Querido(a), eu também estou fazendo o melhor que posso".

Isso é maravilhoso; vocês dois estão praticando. O Darma habitou em vocês dois. Buda está vivo em cada um de vocês. Não há mais perigo. Vocês retornaram para dentro de si mesmos, e praticaram a contemplação profunda para realmente compreender a situação. Se durante este tempo, algum dos dois tiver um lampejo do que está realmente acontecendo, deverá contar imediatamente ao outro o que descobriu.

Talvez você se conscientize de que ficou com raiva devido a uma percepção equivocada. Quando tem uma descoberta dessas, você tem que contar a outra pessoa imediatamente. Você tem que dizer para ela que lamenta ter ficado furioso por nada. Ela não fez absolutamente nada de errado. Você ficou furioso porque distorceu a situação. Telefone para ela, passe um fax, envie um e-mail, pois ela ainda está muito preocupada com seu sofrimento. Isso vai aliviá-la imediatamente.

Ao considerar o ocorrido, pode ser que a outra pessoa também perceba que disse ou fez algo com irritação ou devido a uma percepção equivocada. Ela se arrepende do que disse ou fez a você e, portanto, também precisa compartilhar a visão dela: "Querido(a), outro dia, eu não estava muito atenta(o). Eu disse algo incorreto. Eu percebi mal e fiz algo indelicado, e vejo que não fui suficientemente hábil. Não tive a intenção de lhe fazer sofrer. Portanto, peço desculpas e prometo que da próxima vez serei mais hábil, mais cuidadosa". Quando recebe uma mensagem dessas, você para de sofrer e sente muito respeito pela outra pessoa, do fundo do seu coração. Agora, a outra pessoa é um(a) copraticante. O respeito mútuo que vocês têm um pelo outro continua a crescer, e respeito é o alicerce do verdadeiro amor.

O convidado especial

Na tradição vietnamita, espera-se que marido e mulher se tratem mutuamente como convidados. Você realmente respeita o outro. Ao trocar de roupas, você não troca na frente do outro. Vocês se comportam com respeito. Quando o respeito mútuo deixa de existir, o amor verdadeiro não pode continuar por muito tempo. Faz parte das tradições das sociedades asiáticas respeitar o outro, tratar o outro como um(a) convidado(a). Eu acredito que esta atitude existia no ocidente também, ao menos antigamente. Sem o respeito mútuo, o amor não consegue perdurar por muito tempo. A raiva e outras energias negativas começarão a dominar.

Nas cerimônias de casamento realizadas em Plum Village, nosso centro de retiro na França, os casais se cumprimentam curvando-se com as palmas das mãos juntas ao peito, para demonstrar o seu respeito. Isso porque cada pessoa tem dentro de si a natureza de Buda – a capacidade de ser iluminado, desenvolver grande compaixão e grande compreensão. Quando você cumprimenta o(a) seu parceiro(a) com respeito, você percebe o seu amor. Se você não tiver mais respeito algum pelo outro, o amor está morto. Por isso temos que ser muito cuidadosos para nutrir e manter nosso respeito mútuo.

Usando essas três frases do amor verdadeiro, contemplando profundamente para reconhecer nossa responsabilidade no conflito, é uma forma muito concreta de expressar nosso respeito e nutrir nosso amor. Não subestime as três frases do amor verdadeiro.

Seixo no seu bolso

Cada molécula dessas três frases é totalmente formada de amor verdadeiro. O amor consegue lidar com qualquer coisa. Pode ser que você queira escrever essas três frases num pedacinho de papel do tamanho de um cartão de crédito e guardá-lo na sua carteira. Reverencie este bilhetinho como algo que pode salvar você, pois vai lhe lembrar do seu compromisso assumido um com o outro.

Alguns de nós guardam um seixo no bolso, um seixo bonito que pegamos do nosso jardim. Nós o lavamos cuidadosamente e sempre o carregamos conosco. Toda vez que colocamos a mão no bolso, tocamos o seixinho e o seguramos gentilmente. Praticamos respirando com atenção e nos sentimos muito tranquilos. Quando a raiva surge, o seixo se torna o Darma. Ele nos lembra das nossas três frases. Só o fato de segurar o seixo, inspirar e expirar calmamente e sorrir, já pode lhe ajudar tremendamente. Isso soa um pouco infantil, mas esta prática é muito útil. Quando você estiver na escola, no trabalho ou tiver saído para fazer compras, você não tem lembretes para trazê-lo de volta para dentro de si. Então o pequeno seixo no seu bolso serve como seu professor, como um praticante amigo seu – é um sino de atenção consciente, permitindo-lhe pausar e retornar à sua respiração.

Muita gente invoca o nome de Jesus ou de Buda Amitaba com um rosário. O seixo é um tipo de rosário, um lembrete que o seu professor está sempre com você, seus irmãos e irmãs do Darma estão sempre com você. Ele lhe ajudará a retornar à sua respiração, a deixar que o amor nasça em você, e a manter aquele amor vivo dentro de si. Pode lhe ajudar a manter a iluminação viva dentro de si.

4

Transformação

Zonas de energia

Sabemos que, quando estamos com raiva, devemos nos abster de reagir, ou seja, não falar ou fazer coisa alguma. Falar ou fazer algo quando você estiver furioso não é prudente. Temos que nos voltar para nós mesmos, com urgência, a fim de cuidar da nossa raiva.

A raiva é uma zona de energia dentro de nós. É uma parte de nós. É um bebê sofrendo que temos de tomar conta. A melhor maneira de fazer isso é gerando uma outra zona de energia que pode envolver e cuidar da nossa raiva. Esta segunda zona de energia é a da atenção consciente. Atenção consciente é a energia de Buda – que é acessível a nós e somos capazes de gerá-la respirando e andando atentamente. Buda interno (mente iluminada) não é um mero conceito. Não é uma teoria ou uma ideia. É uma realidade, pois todos nós somos capazes de gerar a energia da atenção consciente.

Atenção consciente significa estar presente e estar ciente do que está acontecendo. Esta energia é altamente crucial à prática. É como um irmão mais velho ou uma irmã mais velha, ou uma mãe segurando o filhinho mais novo nos braços, cuidando bem do sofrimento dele. Este filhinho é a nosa raiva, desespero ou ciúme.

A Zona de Energia 1 é a raiva, e a Zona de Energia 2 é a atenção consciente. A prática é usar a energia da atenção consciente para reconhecer e envolver a energia da raiva. Você deve fazer isso com ternura, sem violência. Este ato não é para reprimir nossa raiva. Você é atenção consciente e também é raiva; então não deve se transformar num campo de batalha, com um lado lutando com o outro. Você não deve achar que a atenção consciente é boa e correta, enquanto que a raiva é má e errada. Você não deve pensar assim. Você só precisa reconhecer que a raiva é uma energia negativa e que a atenção consciente é uma energia positiva. Assim você pode usar a energia positiva para tomar conta da energia negativa.

Sentimentos orgânicos

Nossa prática está fundamentada no discernimento da não dualidade. Tanto os nossos sentimentos negativos quanto os sentimentos positivos são orgânicos e pertencem à mesma realidade. Então não há necessidade de lutar; precisamos apenas acolher e cuidar. Por essa razão, na tradição budista, meditar não significa transformar-se num campo de batalha onde o bem luta contra o mal. Isso é muito importante. Você pode pensar que tem que combater o mal e afugentá-lo do seu coração e da sua mente. Mas isso é errado. A prática é para transformar você. Se não tiver lixo orgânico, você não terá o que usar para fazer a compostagem. Sem lixo orgânico, você não tem como nutrir a flor dentro de si. Você precisa do sofrimento e das aflições internas. Por serem orgânicos, você sabe que pode transformá-los e fazer um bom uso deles.

Discernimento do interexistir

Nosso método de prática deve ser não violento. A não violência só pode nascer do discernimento da não dualidade da interexistência – ou seja, a compreensão clara de que tudo está interconectado e nada pode existir por si só. Violentar os outros significa violentar a si mesmo. Sem o discernimento da não dualidade, você ainda continuará sendo violento. Você continuará querendo punir, reprimir e destruir. Mas, após penetrar a realidade da não dualidade, você sorrirá para os dois: a flor e o lixo em você, e acolherá ambos. Este discernimento alicerça sua ação não violenta.

Quando você tem o discernimento da não dualidade e do inter-existir, você cuida do seu corpo da maneira menos violenta possível. Você cuida das suas formações mentais, inclusive sua raiva, com não violência. Você cuida do seu irmão ou irmã, do seu pai e mãe, comunidade e sociedade com a maior ternura. Nenhuma violência pode surgir desse tipo de atitude. Você não vai considerar pessoa alguma como uma inimiga quando tiver penetrado a realidade do inter-ser.

O fundamento da nossa prática é o discernimento da não dualidade e o critério da não violência, que nos ensinam como tratar nosso corpo com ternura. Devemos tratar nossa raiva e desespero com ternura. A raiva tem raízes em elementos que não são raiva. A raiva está enraizada na forma como vivemos nossa vida cotidiana. Se cuidarmos bem de tudo em nós, indiscriminadamente, impediremos nossas energias negativas de nos dominarem. Reduzimos a força das nossas sementes negativas para que elas não nos dominem.

Expressando raiva com sensatez

Quando a raiva se manifesta em nós, devemos reconhecer e aceitar que a raiva está presente e que ela precisa de atenção. Neste momento somos aconselhados a não falar nem fazer coisa alguma com raiva. Imediatamente nos voltamos para dentro e convidamos a energia da atenção consciente para também se manifestar, a fim de acolher, reconhecer e cuidar bem da nossa raiva.

Mas somos aconselhados a dizer a outra pessoa que estamos com raiva, que sofremos: "Querido(a), estou sofrendo, estou com raiva e quero que você saiba disso". Depois, se for um bom praticante ou uma boa praticante, você também diz: "Estou fazendo o melhor que posso para cuidar da minha raiva". E pode concluir com a terceira frase: "Por favor, me ajude", pois ele ou ela é alguém ainda muito íntimo e próximo seu. Você ainda precisa dele ou dela. Expressar sua raiva dessa forma é muito sensato. É muito verdadeiro, muito leal, pois no início do seu relacionamento você e seu parceiro, ou sua parceira, assumiram o compromisso de compartilhar tudo, positivo ou negativo.

Este tipo de linguagem, este tipo de comunicação vai inspirar respeito e motivar a outra pessoa a se lembrar de praticar como você. Ele ou ela verá que você tem respeito por si mesmo. Você demonstra que quando tem raiva, sabe como cuidar da sua raiva. Você está fazendo o melhor que pode para acolhê-la, e por isso deixa de considerar o(a) parceiro(a) como um(a) inimigo(a) a ser punido(a). Você o(a) vê como um(a) aliado(a) ainda presente para lhe dar suporte. Essas três frases são frases muito positivas para se dizer.

Lembre-se: você tem que dizer a ele ou a ela dentro de vinte e quatro horas. Buda disse que o monge e a monja têm o direito de ter raiva, mas não por mais de uma noite. Não é saudável guardar a raiva dentro de si por muito tempo. Não guarde raiva ou sofrimento para si mesmo por mais de um dia. Você tem que falar sobre o assunto de maneira calma e amorosa, e precisa ser treinado para fazer isso. Se não estiver calmo o suficiente para expressar sua raiva e o prazo máximo estiver próximo, então você escreve as três frases numa folha de papel e entrega a ele ou ela. "Querido(a), estou com raiva, eu sofro. Não sei por que você fez isso comigo, porque me disse aquilo. Eu quero que você saiba que estou sofrendo. Estou me empenhando ao máximo em cuidar da minha raiva. Querido(a), preciso da sua ajuda." Você tem que entregar esse bilhete de paz para ele ou ela e se certificar de que foi recebido. No momento em que fala ou entrega seu bilhete a ele ou ela, você já vai se sentir um pouco aliviado.

Um encontro marcado na sexta à noite

Pode ser que você queira adicionar algo mais às três frases do seu bilhete de paz: "Vamos nos encontrar na sexta-feira à noite para ver isso juntos em maior profundidade?" Talvez você esteja dizendo isso na segunda ou terça, de modo que ainda terá mais três ou quatro dias para praticar. Durante este tempo os dois terão a chance de relembrar e compreender melhor o que causou o conflito. Vocês podem se encontrar qualquer hora, mas o bom da noite de sexta-feira, é que se conseguirem se reconciliar, e solucionar a questão, vão ter um maravilhoso final de semana juntos.

Até a noite da sexta-feira chegar, você pratica a respiração consciente e a contemplação profunda para compreender as raízes da sua raiva. Esteja você dirigindo, andando, cozinhando ou lavando, você continua acolhendo sua raiva com atenção consciente. Fazendo isso, você tem a chance de examinar profundamente a natureza da sua raiva. Você descobre que a principal causa do seu sofrimento é a semente da raiva em você, pois ela esteve sendo frequentemente aguada por você e outras pessoas.

Raiva existe em nós em forma de semente, e as sementes de amor e compaixão também. Em nossa consciência, existem muitas sementes negativas e também muitas sementes positivas. A prática é evitar de regar as sementes negativas, e identificar e regar as sementes positivas todo dia. Esta é a prática do amor.

Irrigação seletiva

Você deve se proteger e proteger a pessoa amada praticando a irrigação seletiva. Você diz: "Querido(a), se você realmente se importa comigo, se realmente me ama, por favor não água diariamente as sementes negativas em mim. Se você fizer isso, vou ficar muito infeliz, e se eu estiver infeliz, vou lhe proporcionar infelicidade. Então, por favor, não água as minhas sementes de raiva, de intolerância, de irritação ou desespero. E eu prometo não aguar essas sementes em você. Sei que você também tem sementes negativas, e terei muito cuidado de não regar estas sementes em você, porque sei que se eu fizer isso, também ficarei infeliz. E assim sofrerei também. Eu me comprometo a só aguar sementes positivas em você – as sementes de amor, compaixão e compreensão".

Em Plum Village, nós chamamos esta prática de irrigação seletiva. Se você fica com raiva com facilidade, é porque sua semente de raiva esteve sendo regada frequentemente durante muitos anos. Você permitiu que elas fossem molhadas. Você não assinou um contrato com as pessoas à sua volta, se comprometendo a molhar somente as boas sementes. Você não praticou sua própria proteção. Se não se proteger, você também não protege aqueles que ama.

Quando acolhemos nossa raiva e cuidamos bem dela, ficamos aliviados. Somos capazes de examiná-la profundamente e discernir de seus vários aspectos. O primeiro discernimento pode ser o de que nossa semente de raiva cresceu demais, e esta é a principal causa da nossa desgraça. Quando começamos a compreender este fato, percebemos que a outra pessoa é apenas uma causa secundária. A outra pessoa não é a principal causa da nossa raiva.

Se continuarmos a examinar em profundidade, vemos que a outra pessoa sofre muitíssimo. Alguém que sofre muito sempre faz com que outras pessoas em torno dela sofram. Ele ou ela não sabe como administrar o próprio sofrimento, como acolhê-lo e transformá-lo. Desse modo o sofrimento continua a crescer dia após dia. No passado, nós não ajudamos aquela pessoa. Não praticamos a irrigação seletiva. Se tivéssemos aguado as sementes positivas nela diariamente, ela não estaria do jeito que está hoje.

A prática da irrigação seletiva é muito eficaz. Uma hora de prática apenas já pode fazer uma grande diferença. Uma hora regando a flor do outro faz com que ele ou ela comece a florir. Não é tão difícil fazer isso.

Regando flores

Alguns anos atrás, um casal veio de Bordeaux assistir uma palestra do Darma em Plum Village. Nós estávamos celebrando o aniversário de Buda, e eu estava dando uma palestra sobre irrigação seletiva, regar a flor. Eu percebi que a esposa estava chorando em silêncio durante a palestra. Depois, eu me aproximei do marido e disse: "Sua flor precisa ser regada". Ele compreendeu imediatamente o que eu quis dizer e no caminho de volta para casa, começou a aguar as sementes positivas da esposa. A viagem levou apenas uma hora e dez minutos. Ao chegarem em casa, os filhos ficaram surpresos de ver a mãe deles tão feliz e revigorada, pois há muito tempo ela não ficava daquele jeito.

Ela tinha muitas sementes maravilhosas nela, mas o seu marido não as reconhecia. Ele não as tinha regado. Ele só regava as sementes negativas da esposa, pois ele não praticava. Não é que ele fosse incapaz de aguar as sementes positivas dela. Ele era muito capaz de praticar regando flores, mas precisou ir até Plum Village para ser lembrado dessa prática. Ele precisava do seu professor para instigá-lo a fazer isso. Por isso é tão importante ter uma comunidade de praticantes. Você precisa de uma sanga; precisa de um irmão, irmã ou amigo para lhe lembrar daquilo que você já sabe. O Darma está em você, mas também precisa ser regado para se manifestar e se tornar realidade. Se você tivesse realmente praticado, molhando sementes positivas das pessoas amadas, elas não estariam hoje lhe causado tanto sofrimento. Então você é, em parte, responsável pelo seu sofrimento.

Voltando para ajudar

Até chegar seu encontro da sexta-feira, pratique a contemplação profunda para identificar sua parte neste conflito. Não acuse o outro de ser responsável por tudo. Admita primeiro que a principal causa do seu sofrimento é a semente da raiva em você, e a outra pessoa é apenas uma causa secundária.

Quando começa a compreender seu papel no conflito, você se sente ainda mais aliviado. Porque é capaz de respirar conscientemente, de acolher sua raiva e soltar sua energia negativa, você se sente muito melhor após quinze minutos de prática.

Mas pode ser que a outra pessoa ainda esteja no inferno. Pode ser que ainda esteja sofrendo muito. Seu amado(a) é a sua flor, e você é responsável por essa flor. Você se comprometeu a cuidar dele ou dela. Você sabe que também é, em parte, responsável pela forma como ele ou ela está agora pois você não praticou, você não cuidou da sua flor. Você sente compaixão pelo outro e de repente fica motivado pelo desejo de voltar para ajudá-lo. A outra pessoa pode ser alguém muito querida sua. Se você não ajudá-la quem irá?

No momento em que fica motivado pelo desejo de se voltar para o outro a fim de ajudar, você sabe que toda sua energia de raiva foi transformada em energia de compaixão. Sua prática deu fruto. A compostagem, o lixo orgânico, transformou-se de volta em flor. Isso pode levar quinze minutos, trinta minutos ou uma hora. Depende do seu nível de concentração, do seu nível de atenção consciente. Depende do tanto de sabedoria e discernimento que você obtém durante sua prática.

Pode ser que ainda seja terça-feira e você ainda tem três dias pela frente antes do seu encontro marcado na sexta-feira. Você não quer que a outra pessoa se preocupe e sofra mais. Então, depois de ter identificado sua responsabilidade, você pega o telefone imediatamente e liga para ele. "Querido, eu me sinto muito, muito melhor neste momento. Eu fui vítima de uma percepção equivocada. Estou vendo com clareza como causei sofrimento para nós dois. Por favor, não se preocupe com sexta-feira à noite." Você faz isso por amor.

Na maioria das vezes, a raiva nasce de uma percepção equivocada. Se, ao examinar a causa do seu sofrimento, você descobrir que sua raiva surgiu de uma percepção distorcida, tem que dizer ao outro imediatamente. Ele não queria fazê-lo sofrer, ele não queria destruí-lo, mas de algum modo você acreditou que ele queria. Cada um de nós deve praticar contemplando profundamente nossas percepções, sejamos um pai, mãe, filho ou parceiro.

Tem certeza de que você está certo(a)?

Um homem uma vez teve que sair de casa por muito tempo. Antes de partir, a esposa dele engravidou, mas ele não sabia disso. Quando voltou, a esposa já tinha dado à luz ao filho.

Ele suspeitou que o menininho não era dele, e acreditava que fosse filho de um vizinho que costumava vir e trabalhar para a família. Ele olhava para o garotinho com desconfiança. Ele o odiava. Ele via o rosto do vizinho no rosto do garotinho. Então um dia o irmão daquele homem veio fazer uma visita pela primeira vez. Ao ver o garotinho, disse ao pai: "Ele é muito parecido com você. Ele é uma cópia exata sua". A visita do irmão foi um evento feliz, pois ajudou o pai a se livrar de uma percepção equivocada. Mas durante 12 anos a percepção distorcida tinha controlado a vida daquele homem. Tinha feito o pai sofrer profundamente. Tinha feito a esposa sofrer profundamente, e, obviamente, o garotinho sofria com aquele tipo de ódio.

Nós agimos baseados em percepções equivocadas o tempo todo. Não deveríamos ter tanta certeza de nenhuma das nossas percepções. Quando você avista um belo pôr do sol, pode achar que está vendo o sol tal como ele é naquele momento. Mas um cientista vai lhe dizer que a imagem do sol que você vê é a imagem do sol de oito minutos atrás. A luz solar, vinda de tão longe, leva oito minutos para alcançar a terra. E também quando ver uma estrela, você pensa que a estrela está ali, mas a estrela já pode ter desaparecido há 1, 2 ou 10.000 anos.

Temos que ter muito cuidado com nossas percepções, senão vamos sofrer. Ajuda muito, se você escrever numa folha de papel: "Tem certeza?" e pendurá-la no seu quarto. Em clínicas de saúde e hospitais eles estão começando a pendurar estes tipos de sinais: "Mesmo que você esteja convicto, certifique-se novamente". É uma precaução, pois se a doença não for detectada no início, será muito difícil de ser curada. Os médicos não estão pensando em termos de formações mentais. Eles estão pensando em termos de doença oculta. Mas nós podemos também utilizar este *slogan*: "Mesmo se estiver convicto, verifique de novo". Devido às nossas percepções, causamos sofrimento para nós mesmos e criamos um inferno para nós mesmos e para quem amamos. Você tem certeza da sua percepção?

Tem gente que sofre dez, vinte anos devido a uma percepção equivocada. Elas estão certas de que a outra pessoa as traiu ou que as odeia, mesmo que a outra pessoa só tenha boas intenções. Quem é vítima de uma percepção errada faz com que ela e outras pessoas à sua volta sofram muito.

Quando você estiver com raiva e sofrendo, por favor retorne e inspecione, de maneira muito profunda, o conteúdo e a natureza das suas percepções. Se você for capaz de remover a percepção equivocada, a paz e a felicidade serão restauradas em você, e será capaz de amar de novo o outro.

Examinando a raiva juntos

Quando a outra pessoa sabe que você está dando o melhor de si, e examinando a causa da sua raiva, ela também fica motivada a praticar. Enquanto dirige, enquanto cozinha ela vai se questionar: "O que foi que eu fiz? O que foi que eu disse que fez ele sofrer tanto assim?" Ela também terá uma oportunidade de praticar a contemplação profunda. Ela sabe que, no passado, esteve reagindo de modos que causou sofrimento a ele. E começa a questionar a crença de que ela não é responsável pelo sofrimento dele. Se descobrir que foi inábil ao falar ou fez algo, ela tem que telefonar para você ou lhe enviar um fax, pedindo-lhe desculpas.

Então se vocês dois tiverem alguma sacada durante a semana, não precisam esperar até sexta-feira. Neste caso, a noite da sexta pode se transformar num momento de muita alegria, quando os dois podem sentar juntos e desfrutar uma boa refeição, ou talvez uma xícara de chá com uma fatia de bolo. Vocês podem celebrar seu amor e relacionamento.

Compartilhando tudo, mesmo quando é difícil

Se nenhum dos dois tiver tido êxito na prática, sexta--feira então é hora de praticarem a escuta profunda e a fala amorosa. A pessoa que estiver com raiva tem o direito de dizer a outra o que está em seu coração. Se for o seu parceiro que estiver com raiva, você apenas ouve, porque você fez a promessa de ouvir sem reagir. Você se empenha ao máximo para praticar a escuta compassiva. Você ouve não com o propósito de julgar, criticar ou analisar. Você ouve simplesmente para ajudar a outra pessoa a se expressar e aliviar um pouco o sofrimento dela.

Enquanto compartilha seu sofrimento, você tem o direito de dizer tudo que está no seu coração – é um dever seu fazer isso, pois a outra pessoa tem o direito de saber tudo. Cada um de vocês assumiu um compromisso com o outro. Você deve dizer ao outro tudo o que está no seu coração, só com uma condição: você deve falar de um modo calmo e amoroso. No momento em que a irritação se manifesta, no momento em que achar que está prestes a perder a calma, a serenidade, pare, por favor. "Querido, eu não posso continuar agora, será que poderíamos nos encontrar em outra hora? Preciso praticar mais respirando atentamente e caminhando em meditação. Não estou muito bem agora, por isso, acho que não vou conseguir ter êxito na prática de falar de forma amável." A outra pessoa vai concordar em adiar a sessão para, talvez, a próxima sexta-feira.

Se você for aquele que ouve, você também pratica o respirar consciente. Respire atentamente para se esvaziar de quaisquer ideias ou conceitos, e só ouvir. Ouça com compaixão e esteja presente com todo o seu ser para proporcionar alívio ao outro. Você tem a semente de compaixão dentro de si, e ela se manifestará quando você compreender o quanto a outra pessoa sofre. Por isso, você se compromete a ser o Bodisatva, o Grande Ser da escuta profunda. O Bodisatva da Grande Compaixão deve ser uma pessoa real, e não uma ideia apenas.

A compaixão lhe impede de cometer erros

Você pode cometer um erro só se esquecer que o outro sofre. Você tem a tendência de acreditar que é a única pessoa que está sofrendo, e que o outro está gostando que você sofra. Você vai dizer e fazer coisas cruéis e egoístas quando acredita que é a única pessoa a sofrer e que o outro não está sofrendo de jeito algum. A consciência de que a outra pessoa sofre muito vai lhe ajudar a desempenhar o papel do(a) Bodisatva da escuta profunda. Compaixão se torna possível, e você consegue manter sua compaixão viva, durante todo tempo em que escuta. Você será o melhor terapeuta para ele ou ela.

Quando o outro fala, pode ser que ele esteja sendo muito crítico, só culpando e punindo. Pode ser que esteja cheio de amargura e cinismo. Mas isso não lhe afeta, pois ainda há compaixão em você. O néctar da compaixão é tão maravilhoso! Se estiver comprometido em mantê-lo vivo, você estará protegido. O que a outra pessoa disser não provocará raiva e irritação em você, pois a compaixão é o verdadeiro antídoto da raiva. Nada mais pode curar a raiva, só compaixão. É por isso, que a prática da compaixão é tão maravilhosa!

Compaixão só é possível quando há compreensão. Compreensão de quê? Compreensão de que o outro sofre e que devo ajudá-lo. Se eu não ajudar, quem vai ajudar? Enquanto ouve, pode ser que você tenha muitas percepções distorcidas na fala do outro. Todavia, você permanece compassivo, pois sabe que ele é vítima de uma percepção errada. Se tentar corrigi-lo, pode cortá-lo, impedindo-o de se expressar e falar tudo. Por isso, você só senta e ouve com toda sua atenção, com suas melhores intenções, e isso será muito saudável.

Se quiser ajudá-la a corrigir alguma percepção equivocada, deve esperar o momento certo. Enquanto ouve, o seu único objetivo é dar-lhe a oportunidade de falar livremente, compartilhando o que vem do seu coração. Você não fala coisa alguma. Nesta noite de sexta-feira, é só ela quem fala. Você só escuta. Após alguns dias, talvez, quando ela estiver se sentindo bem melhor, você tenta informá-la de que precisa corrigir uma percepção equivocada. "Querida, naquele dia você disse algo, mas isso não foi realmente o que aconteceu. O que aconteceu foi..." Fale com amor quando corrigi-la. Se necessário, peça a um amigo, que sabe o que realmente aconteceu, para ajudá-la a compreender a real situação, para que ela possa se libertar das próprias percepções equivocadas.

A paciência é a marca do verdadeiro amor

A raiva é um ser vivo. Quando surge, a raiva precisa de tempo para retroceder. Mesmo que você tenha uma evidência inquestionável capaz de convencer alguém de que a raiva dele está totalmente embasada numa percepção equivocada, por favor, não intervenha imediatamente. Tal como o anseio, o ciúme e todas as aflições, a raiva precisa de tempo para se acalmar. Isso acontece mesmo depois de a outra pessoa perceber que distorceu a situação. Quando o ventilador é desligado, continua a girar algumas vezes antes de parar. A raiva é assim. Não espere que a outra pessoa deixe imediatamente de ter raiva. Isso não é realista. Você precisa deixar que a raiva se aquiete lentamente. Então não tenha pressa.

Paciência é a marca do amor verdadeiro. Um pai tem que ser paciente para demonstrar seu amor para seu filho ou sua filha. Uma mãe, um filho, uma filha também. Se quiser amar, você tem que aprender a ser paciente. Sem paciência, você não consegue ajudar o outro.

Você também precisa ser paciente consigo mesmo. A prática de acolher a própria raiva requer tempo. Mas só cinco minutos respirando e caminhando conscientemente e acolhendo a própria raiva podem ter eficácia. Se cinco minutos não bastarem, passe dez minutos, e se dez minutos não forem suficientes, passe quinze minutos. Permita-se usar o tempo que for preciso. As práticas de respirar e andar conscientemente ao ar livre são formas maravilhosas de acolher a raiva. Até mesmo correr ajuda muito. É como quando você cozinha batatas e tem que manter o fogo ligado por pelo menos quinze ou vinte minutos. Você não pode comer batatas cruas. Você tem que cozinhar sua raiva no fogo da atenção consciente. Isso pode levar dez ou vinte minutos. Ou pode levar mais tempo.

Sendo vitorioso

Enquanto cozinha suas batatas, você tem que tampar a panela para impedir que o calor escape. Isso significa concentração. Então quando estiver praticando, andando e respirando para cuidar da própria raiva, não faça outra coisa. Não escute rádio, não assista televisão, não leia um livro. Tampe a panela e faça só uma coisa. Somente pratique o caminhar meditativo, respirando conscientemente de maneira profunda, usando cem por cento de si mesmo para envolver sua raiva, exatamente como você faria se estivesse cuidando bem de um bebê.

Depois de passar um tempo abraçando e examinando profundamente, surgirá discernimento e sua raiva diminuirá. Você vai se sentir muito melhor e estará motivado a voltar para ajudar a outra pessoa. Quando levanta a tampa da panela, você sente o cheiro maravilhoso das batatas. Sua raiva terá sido transformada na energia da bondade amorosa.

Isso é possível. Acontece com as tulipas. Quando a energia do sol é forte o suficiente, a tulipa tem que se abrir e mostrar o coração dela ao sol. Sua raiva é um tipo de flor. Você tem que envolvê-la com a luz solar da sua atenção consciente. Deixe a energia da atenção consciente penetrar a energia da raiva. Após cinco ou dez minutos recebendo essa energia, sua raiva será transformada.

Cada formação mental – raiva, ciúme, desespero etc. – é sensível à atenção consciente tal como a vegetação é sensível à luz solar. Ao cultivar a energia da atenção consciente, você pode curar seu corpo e consciência, pois a atenção consciente é a energia de Buda. No cristianismo, dizem que a energia de Deus, do Espírito Santo, está dentro de Jesus. Por isso, Ele é capaz de curar muita gente. A energia de cura de Cristo é chamada de Espírito Santo. Na linguagem budista, esta energia é a energia de Buda, a energia da atenção consciente.

Atenção consciente contém as energias da concentração, compreensão e compaixão. Portanto, as práticas de meditação budista são práticas que geram a energia que nos proporciona concentração, compaixão, compreensão, amor e felicidade.

Todos, no centro de prática, fazem exatamente isso, e juntos oferecemos uma poderosa zona de energia coletiva, que envolve e protege a nós, como também aquelas pessoas que chegam para passar uma temporada conosco.

Mesmo após uma sessão de prática, notamos que somos muito capazes de cuidar da nossa raiva. Ganhamos a vitória por nós e por todos aqueles que amamos. Quando perdemos, nós e nossos amados perdem. Mas quando somos vitoriosos, vencemos pela outra pessoa também. Então, mesmo que a outra pessoa não conheça a prática, podemos praticar por nós mesmos e por ele ou ela. Não espere a outra pessoa começar a praticar para começar a praticar. Você pode praticar por vocês dois.

5

Comunicação compassiva

Pode ser que em algum tempo você não tenha conseguido se comunicar com seus pais. Mesmo que morassem na mesma casa, você sentia que seu pai e sua mãe estavam muito distantes. Nessas circunstâncias, pais e filhos, ambos sofrem. Cada lado acredita que divergências, ódio e separação são tudo o que há. Os pais e filhos não sabem que têm muitas coisas em comum. Não sabem que ambos têm a capacidade de compreender, perdoar e amar o outro. Portanto, é muito importante reconhecer os elementos positivos, que estão sempre presentes em nós, para impedir a raiva e outras negatividades de nos dominarem.

O sol brilhando por trás das nuvens

Quando está chovendo, pensamos que a luz solar inexiste. Mas se voarmos alto e atravessarmos as nuvens num avião redescobriremos a luz solar. Constatamos que a luz solar está sempre existindo. Em tempos de raiva ou desespero, o nosso amor também continua existindo. Você tem que acreditar nisso. Somos maiores do que a nossa raiva, e maiores do que o nosso sofrimento. Devemos reconhecer que há sim, em nós, a capacidade de amar, de compreender e ser compassivo. Se souber disso, quando estiver chovendo você não vai se desesperar. Você sabe que a chuva está presente, mas a luz solar continua existindo em algum lugar. Logo mais vai parar de chover e o sol brilhará novamente. Tenha esperança. Se você puder se lembrar que os elementos positivos ainda existem em você e na outra pessoa, saberá que é possível transpor a situação. De modo que as melhores qualidades de vocês dois podem brotar e se manifestar novamente.

A prática existe para isso. A prática vai lhe ajudar a se conectar com a luz solar, com Buda, sua bondade interna, para que você possa transformar a situação. Você pode chamar essa bondade de qualquer coisa que quiser, algo que seja familiar a você, vindo da sua própria tradição espiritual.

Lá no fundo você deve saber que é capaz de ser paz. Desenvolva a convicção de que a energia de Buda está em você. A única coisa que você precisa fazer é pedir ajuda a essa energia. Você pode fazer isso com as práticas de respirar, andar e sentar com atenção consciente.

Treinando-nos para ouvir profundamente

Comunicar é uma prática. Você precisa ser hábil para se comunicar. Boa vontade não basta. Você tem que aprender a fazer isso. Talvez você tenha perdido a capacidade de ouvir.

Talvez a outra pessoa tenha falado com amargura muitas vezes, sempre condenando ou acusando, e por isso você deu um basta. Você não aguenta mais ouvir. Você começa a tentar evitá-lo ou evitá-la. Você não tem mais a capacidade de ouvir aquela pessoa.

Você tenta evitá-lo por medo. Você não quer sofrer. Mas isso também pode criar um desentendimento e fazer o outro sentir que você o despreza. Isso pode causar muito sofrimento a ele. Você dá a impressão de estar querendo boicotá-lo, ignorando a presença dele. Você não consegue enfrentá-lo e ao mesmo tempo não consegue evitá-lo. A única solução é você se treinar para ser capaz de se comunicar novamente. A escuta profunda é a solução.

Sabemos que muitas pessoas sofrem, sentindo que ninguém é capaz de entendê-las ou de entender a situação delas. Todos estão muito ocupados e ninguém parece ter a capacidade de ouvir. Mas todos nós precisamos de alguém que possa nos ouvir.

Hoje em dia, há praticantes da psicoterapia que se supõe estarem ao seu dispor: sentados e ouvindo você para que consiga abrir seu coração. Eles precisam ouvir profundamente para serem realmente terapeutas. Os verdadeiros terapeutas têm a capacidade de ouvir com todo o seu ser, sem preconceitos, sem julgamentos.

Eu não sei como os terapeutas são treinados para adquirirem a capacidade de ouvir dessa forma. Um(a) terapeuta pode também estar cheio(a) de sofrimento. Enquanto senta e ouve o cliente, as sementes de sofrimento nele ou nela podem ser regadas. Se o(a) terapeuta estiver dominado(a) pelo próprio sofrimento, como poderá escutar a outra pessoa de maneira adequada? Quando você é treinado(a) para se tornar um(a) terapeuta, você deve aprender a arte da escuta profunda.

Ouvir com empatia significa que você escuta de um modo tal que a outra pessoa sente que você está realmente a escutando, realmente a compreendendo e a ouvindo com todo o seu ser — com o seu coração. Mas quantos de nós somos capazes de ouvir o outro dessa forma? Nós concordamos teoricamente que devemos ouvir com o coração, para conseguir realmente ouvir o que o outro está falando. Concordamos que devemos transmitir a quem fala a sensação de estar sendo ouvido e compreendido. Somente isso pode proporcionar alívio a ele. Mas, na verdade, quantos de nós somos capazes de ouvir dessa forma?

Escutar para aliviar

Escuta profunda, escuta compassiva não significa ouvir com o propósito de analisar ou de, nem mesmo, descobrir o que aconteceu no passado. Você ouve, acima de tudo, para ajudar o outro, dando-lhe uma oportunidade de falar livremente, e sentir que finalmente alguém o compreende. Escutar profundamente é o tipo de escuta que nos ajuda a manter a compaixão viva enquanto o outro fala, por um período de trinta a quarenta e cinco minutos. Durante este tempo, você só tem em mente um objetivo, um desejo: ouvir o outro para lhe dar a oportunidade de falar livremente e sofrer menos. É este o seu único propósito. Outros propósitos de analisar e compreender o passado, podem ser um subproduto deste trabalho. Mas, acima de tudo, escute com compaixão.

Compaixão é o antídoto da raiva e amargura

Se mantiver viva sua compaixão enquanto você ouve o outro, a raiva e irritação não vão conseguir brotar. Caso contrário, coisas que ele disser, coisas que ela disser vão desencadear irritação, raiva e sofrimento em você. Só compaixão pode lhe impedir de ficar irritado, furioso ou desesperado.

Então você quer agir como um Grande Ser enquanto ouve, pois compreende que a outra pessoa sofre muito e precisa que você intervenha e a resgate. Mas você tem que estar equipado com algo para realizar o trabalho.

Quando os bombeiros chegam para ajudar a extinguir um incêndio, eles têm que ter o equipamento certo. Devem ter escadas, água e o tipo de roupa que os protegem do fogo. Devem conhecer muitas formas de se protegerem e de extinguir o fogo. Quando você ouve profundamente alguém que está sofrendo, você entra numa zona de incêndio. O fogo do sofrimento, da raiva estão queimando naquela pessoa que você ouve. Se não estiver bem equipado(a), não conseguirá ajudar e poderá se tornar vítima do fogo na outra pessoa. Por isso você precisa de equipamento.

O seu equipamento aqui é a compaixão, que pode ser nutrida e mantida viva com a prática de respirar atentamente. Respirando atentamente você gera a energia da atenção consciente. Respirar atentamente mantém vivo o seu desejo fundamental de ajudar o outro a exprimir-se com franqueza. Quando a outra pessoa fala, suas palavras podem estar cheias de amargura, condenação e julgamento. Essas palavras podem desencadear sofrimento em você. Mas se a compaixão se mantiver viva em você, através da prática de respirar atentamente, você está protegido(a). Você é capaz de se sentar e escutar durante uma hora sem sofrimento. Sua compaixão nutrirá sua compreensão de estar ajudando o outro a sofrer menos. Desempenhe o papel de um(a) bodisatva. Você será o melhor tipo de terapeuta.

A compaixão nasce da felicidade e também da compreensão. Enquanto a compaixão e a compreensão se mantiverem vivas, você estará fora de perigo. O que a outra pessoa disser não lhe fará sofrer e você poderá ouvir profundamente. Você realmente ouve. Quando você não tem a capacidade de ouvir compassivamente, não pode simplesmente fingir estar ouvindo. A outra pessoa perceberá que você está cheio de ideias sobre sofrimento, mas na realidade não a está compreendendo. Quando tem compreensão, você é capaz de ouvir compassivamente, ouvir profundamente, e a qualidade dessa escuta é fruto da sua prática.

Nutrindo-nos

Conectar-se com o sofrimento pode nos ajudar a nutrir nossa compaixão e a sermos capaz de reconhecer a felicidade quando ela estiver presente. Se não estivermos em contato com a dor, não podemos saber o que a verdadeira felicidade é. Por esta razão, conectar-se com o sofrimento é a nossa prática. Mas cada um de nós tem limites. Não podemos fazer mais do que conseguimos fazer.

Por isso temos que cuidar bem de nós mesmos. Se ficarmos ouvindo demais sofrimento e raiva dos outros, seremos afetados. Você estará somente em contato com sofrimento, e não terá oportunidade de conectar-se a outros elementos positivos. Isso destruirá o seu equilíbrio. Portanto, na sua vida cotidiana, você deve praticar de uma maneira que possa estar conectado(a) a elementos que não expressam sofrimento constantemente: o céu, os pássaros, as árvores, as flores, as crianças; ou tudo o que seja revigorante, saudável e nutridor em nós ou à nossa volta.

Às vezes você se perde no seu sofrimento, nas suas preocupações. Deixe seus amigos lhe resgatar. Eles podem dizer: "Olhe como o céu está bonito hoje de manhã. Está nebuloso, mas está muito bonito. O paraíso está exatamente aqui. Por que você não se volta para o presente e testemunha esta beleza?" Você está acompanhado de uma comunidade de irmãos e irmãs capazes de serem felizes. Assim, a comunidade lhe resgata e lhe ajuda a entrar em contato com os elementos positivos da vida. Esta é a prática da nutrição. Ela é muito importante.

Devemos ser capazes de viver cada dia profundamente, com alegria, paz e compaixão, pois o tempo passa muito rápido. Toda manhã eu ofereço um incenso à Buda. Prometo a mim mesmo que vou desfrutar de cada minuto do dia que está me sendo dado para viver. E graças a prática de andar em meditação e respirar conscientemente eu posso desfrutar cada momento da minha vida cotidiana. Respirar conscientemente e andar em meditação são como dois amigos, sempre me ajudando a mergulhar no aqui e agora e tocar as maravilhas da vida disponíveis.

Precisamos receber o nutrimento que merecemos. Escutar o som do sino é uma prática muito nutridora e agradável. Em Plum Village, toda vez que o telefone toca, que o relógio badala indicando as horas, ou o sino do mosteiro é convidado a soar, nós temos a oportunidade de dar uma parada no que quer que estejamos fazemos, paramos nossa conversa e nosso pensamento. Esses são sinos da atenção consciente. Ao ouvir o som do sino, nós relaxamos o corpo e nos voltamos para nossa respiração. Constatamos que estamos vivos e podemos entrar em contato com as muitas maravilhas da vida presentes em nós. Damos uma parada naturalmente, com alegria, não com solenidade ou obstinação. Inspirando e expirando três vezes, desfrutamos o fato de estarmos vivos. Ao darmos esta parada, restauramos nossa calma e paz, e nos tornamos livres. Nosso trabalho se torna mais agradável e as pessoas à nossa volta, mais reais.

A prática de parar e respirar ouvindo o sino é um exemplo de prática que nos ajuda a nos conectar com os elementos belos e nutridores da vida cotidiana. Você pode fazer isso sozinho(a), mas com a sanga você pratica com muito mais facilidade. A comunidade está sempre presente. Quando você se perde em sofrimento, a sanga pode resgatar você e colocá-lo em contato com os elementos positivos da vida.

Conhecer nossos limites é a nossa prática. Mesmo que seja um(a) professor(a) espiritual e tenha a capacidade de ouvir o sofrimento dos outros, você deve conhecer seus limites. Você tem que desfrutar de uma caminhada meditativa. Tem que apreciar o seu chá. Tem que curtir a companhia de pessoas felizes para obter nutrição suficiente todo dia. Você precisa cuidar de si mesmo para escutar outra pessoa. Por um lado, você precisa obter a nutrição correta todo dia. Por outro lado, você precisa praticar nutrindo a compaixão dentro de si, para que possa estar bem equipado para a tarefa de escutar. Você tem que desempenhar o papel de um Grande Ser, alguém que possui tanta felicidade, que é capaz de resgatar as pessoas do sofrimento delas.

Você é seus filhos

Como pai ou mãe, você precisa ouvir seu filho ou sua filha. Isso é muito importante, porque seu filho é você mesmo; sua filha é você mesmo. Seu filho é uma continuação sua. Sua tarefa mais importante é restabelecer a comunicação entre você e seu filho. Se o seu coração não funciona bem, e o seu estômago não está em boas condições, você não pensa em cortá-los e jogá-los fora. Você não pode dizer "Esse coração não é meu! Meu coração não se comporta desse jeito. Você não é o meu estômago! O meu estômago não se comporta desse jeito. Eu não vou ter mais nada a ver com você!" Isso não é inteligente. Pode ser que converse com o seu filho ou sua filha desse jeito, e isso também não é inteligente.

No momento em que o seu filho ou sua filha é concebido(a) no seu ventre, você vê o feto e você como unos. Você pode até mesmo começar a conversar com o bebê: "Fique quietinho meu amado. Eu sei que você está aí". Você fala com ele ou ela amorosamente. Você se torna consciente do que consome, porque tudo o que você come e bebe, o bebê também come e bebe. Suas preocupações e sua alegria são preocupações e alegria do seu bebê. Você e o seu bebê são indivisíveis.

Quando você dá à luz ao bebê e o cordão umbilical é cortado, esta consciência da sua unidade pode começar a se dissipar. Quando seu filho ou filha tiver completado 12 ou 13 anos, você já esqueceu totalmente que ele ou ela é você. Pensa nele ou nela como uma entidade separada. Vocês têm problemas um com o outro. Ter problema com seu filho é como ter problema com seu estômago, seu coração, seus rins. Se você acredita que ele é outra pessoa, uma entidade separada, você pode dizer: "Vá embora! Você não é meu filho! Filha minha não se comporta desse jeito". Mas como você não pode dizer isso para o seu estômago ou coração, também não pode dizer isso para seu filho ou filha. Buda disse que "Não existe um eu separado". Você e seu filho, você e sua filha são simplesmente continuações de muitas gerações de ancestrais. Vocês são parte de um longo fluxo de vida. Tudo o que os seus filhos fizerem continua a lhe afetar profundamente – tal como quando estavam no seu ventre. Tudo o que você faz continua afetando seus filhos de modo profundo, pois eles não podem jamais romper relações com você. Sua felicidade e sofrimento são a felicidade e sofrimento dos seus filhos e vice-versa. Por essa razão você deve investir cem por cento de si na tarefa de restabelecer a comunicação.

Começando um diálogo

Confusão e ignorância nos fazem pensar que somos os únicos a sofrer. Acreditamos que nosso filho ou filha não sofre. Mas, de fato, toda vez que você sofre, os seus filhos também sofrem. Você existe em cada célula do corpo do seu filho e em cada célula do corpo da sua filha. Toda emoção e percepção da sua criança é uma emoção e percepção sua. Portanto temos que nos lembrar do discernimento que tivemos anteriormente, de que ele e você, ela e você, são indivisíveis. Comece a dialogar com seu filho ou com sua filha.

No passado, você cometeu erros. Causou sofrimento ao seu estômago. A forma como você comia, bebia e a forma como se preocupava causaram grande impacto no seu estômago, intestinos e coração. Você é responsável pelo seu coração, intestinos e estômago. De modo muito semelhante, você é responsável por seu filho ou filha. Você não pode dizer que não é responsável. Seria muito mais inteligente dirigir-se ao seu filho e dizer: "Meu querido filho, sei que você está sofrendo muito. Há vários anos, você vem sofrendo muito. Quando você sofre, eu também sofro. Como posso ser feliz se meu filho está sofrendo? Portanto, reconheço que nós dois, você e eu, sofremos. Será que podemos fazer algo a esse respeito? Será que podemos nos reunir e juntos buscar uma solução? Poderíamos conversar? Eu realmente quero restabelecer nossa comunicação, mas sozinho, eu não posso fazer muito. Preciso da sua ajuda".

Se, enquanto um pai ou mãe, você for capaz de falar coisas assim para seu filho, a situação pode mudar, pois você sabe como falar de forma amorosa. Sua linguagem vem do amor, compreensão e discernimento. Discernimento do fato de que você e seu filho são indivisíveis, e que a felicidade e o bem-estar não são questões individuais. Essas questões dizem respeito a vocês dois. Então o que você disser a seu filho deve vir do amor e da compreensão, da compreensão de que não há um eu separado. Você pode falar desse modo, pois compreende a verdadeira natureza de ambos: você e seu filho. Você sabe que sua filha é do jeito que ela é porque você é do jeito que você é. Vocês são interdependentes. Você é do jeito que é porque o seu filho é do jeito que ele é. Vocês não estão separados.

Treine-se na arte de viver com atenção consciente. Treine-se para que possa se tornar suficientemente habilidoso para restabelecer a comunicação. "Meu querido filho, eu sei que você sou eu. Você é uma continuação minha, e quando você sofre não há como eu possa ser feliz, então vamos nos reunir e resolver isso. Por favor, me ajude." O filho também pode aprender a falar desse jeito, pois ele compreende que se o pai dele sofre, ele também não conseguirá ser feliz. Através da prática da atenção consciente, o filho pode se conectar à realidade da inexistência de um eu separado e pode aprender a restaurar a comunicação com seu pai. Pode ser que seja ele quem tome a iniciativa.

O mesmo pode acontecer entre casais. Vocês se comprometeram a viver de modo unificado. Com sinceridade profunda, juraram compartilhar sua felicidade e sofrimento. Dizer ao seu companheiro, à sua companheira, que você precisa da ajuda dele ou dela para recomeçar de uma nova maneira é apenas uma continuação desses votos. Cada um de nós tem a capacidade de falar e ouvir dessa maneira.

Cartas de amor

Tinha uma francesa que guardava cartas antigas de amor do marido dela. Ele escreveu lindas cartas de amor para ela antes de eles se casarem. Toda vez que recebia uma carta dele, ela saboreava cada frase – cada palavra. Cada frase e palavra eram muito doces, compreensivas e repletas de amor. Ela se deleitava toda vez que recebia uma carta, e por isso guardava todas as cartas dele numa caixa de biscoitos. Certa manhã, quando estava arrumando seu armário, ela descobriu a antiga caixa de biscoito onde havia guardado todas as cartas do marido. Fazia muito tempo que ela a tinha visto. As cartas da caixa contavam sobre o tempo mais maravilhoso, quando ela e seu marido eram jovens, quando se amavam mutuamente e acreditavam que não conseguiriam viver sem o outro.

Mas nos últimos anos, ambos, marido e esposa, vinham sofrendo muito. Eles não sentiam mais o prazer de olhar um para o outro. Eles não gostavam mais de conversar um com o outro. Eles não escreviam mais cartas entre si. Na véspera de ela encontrar a caixa, o marido a informou que ele tinha que sair em viagem de negócios. Ele não achava agradável ficar em casa, e talvez estivesse buscando alguma pequena felicidade ou prazer em suas viagens. Ela estava consciente disso. Quando o marido disse a ela que tinha que ir à uma reunião em Nova Iorque, ela respondeu: "Se você tem trabalho para fazer, então, por favor, vá". Ela já estava acostumada a isso, pois era muito corriqueiro. Então, em vez de voltar para casa, como planejado, ele telefonou e disse: "Eu tenho que ficar mais dois dias, pois ainda há coisas que preciso fazer". Ela aceitou isso sem questionar, pois mesmo quando ele estava em casa, ela não era feliz.

Depois de ter desligado, ela começou a arrumar seu armário e descobriu a caixa. Era uma caixa de biscoitos *Lu* – uma marca muito famosa na França. Ela estava curiosa porque fazia muito tempo que tinha aberto aquela caixa. Ela largou o aspirador, abriu a caixa e sentiu um cheiro de algo muito familiar. Pegou uma das cartas e ficou em pé lendo-a. Quanta doçura naquela carta! A linguagem dele era cheia de compreensão e amor. Ela se sentiu muito revigorada, como um pedaço de terra seca finalmente exposta à chuva. Abriu outra carta e a leu, pois isso era tão maravilhoso! Finalmente, ela trouxe a caixa inteira de cartas para a mesa, sentou-se e leu uma após a outra até terminar de ler todas as quarenta e seis ou quarenta e sete cartas. As sementes da sua felicidade passada continuavam existindo. Tinham sido soterradas sob muitas camadas de sofrimento – mas ainda existiam. Portanto, enquanto lia aquela carta que ele tinha escrito quando era jovem e cheio de amor, ela sentiu que as sementes de felicidade nela começaram a ser regadas.

Quando você faz algo assim, você água as sementes de felicidade que estão profundamente alojadas na sua consciência. No passado recente, o marido dela não estava usando uma linguagem delicada de forma alguma. Mas agora, enquanto lia as cartas, ela pode ouvir o marido falando daquela maneira doce. A felicidade havia sido uma realidade para eles. Por que será que agora eles vivem num tipo de inferno? Ela mal podia se lembrar de que ele costumava conversar com ela daquele jeito, mas isso tinha acontecido. Ele era capaz de conversar com ela numa linguagem gentil.

Regando as sementes de felicidade

Durante uma hora e trinta minutos em que passou lendo todas essas cartas, ela aguou as sementes de felicidade dentro de si. Ela percebeu que eles dois tinham sido muito inabilidosos. Eles estiveram regando sementes de sofrimento um no outro, e não foram capazes de regar as sementes de felicidade. Após ler todas as cartas, ela ficou motivada pelo desejo de sentar e escrever uma carta para ele dizendo como ela era feliz naquele tempo, no início do relacionamento. Ela escreveu que desejava que a felicidade daqueles anos dourados pudesse ser redescoberta e recriada. E agora ela podia chamá-lo novamente de "Meu amado", com toda a honestidade e sinceridade.

Ela passou quarenta e cinco minutos escrevendo aquela carta. Foi uma verdadeira carta de amor – endereçada ao homem jovem e charmoso que escrevera cartas que ela guardava numa caixa. Ela levou cerca de três horas para ler as cartas do marido e depois escrever uma carta para ele. Foi um momento de prática, mas ela não sabia que estava praticando. Após ter escrito sua carta, ela se sentiu muito leve por dentro. A carta ainda não tinha sido entregue; o seu marido ainda não a tinha lido; mas ela se sentia muito melhor, pois as sementes de felicidade tinham sido nutridas. Ela subiu as escadas e colocou a carta sobre a escrivaninha dele. E passou o resto do dia muito feliz. Ela estava feliz só porque as cartas tinham aguado as sementes positivas nela.

Enquanto lia as cartas e escrevia para o marido, ela teve um lampejo: nenhum dos dois tinham sido habilidosos. Nenhum dos dois sabia como preservar a felicidade que ambos mereciam. Através de falas e ações, eles criaram um inferno um para o outro. Ambos tinham aceitado viver como uma família, como casal, mas não tinham mais felicidade alguma. Ao compreender isso, ela ficou confiante de que a felicidade poderia ser restaurada se os dois se empenhassem na prática. Ela ficou cheia de esperança e deixou de sofrer da forma como vinha sofrendo nos últimos anos.

Quando o marido chegou em casa, subiu as escadas até seu escritório e viu a carta sobre a escrivaninha. Na carta, ela tinha escrito: "Sou parcialmente responsável pelo nosso sofrimento, pelo fato de não termos a felicidade que nós dois merecemos. Vamos recomeçar de uma nova maneira e restabelecer a comunicação. Vamos tornar a paz, a harmonia e a felicidade uma realidade novamente". Ele passou muito tempo lendo a carta e examinando profundamente o que ela havia escrito. Ele não sabia que já estava praticando meditação; mas ele também estava, pois as sementes de felicidade nele também tinham sido regadas enquanto lia a carta da esposa. Ele permaneceu no escritório por muito tempo, contemplando profundamente e tendo o mesmo discernimento que ela teve no dia anterior. Por isso, ambos desfrutaram da oportunidade de recomeçar de uma nova maneira e restaurar a felicidade deles.

Hoje em dia, as pessoas, os amantes, deixaram de escrever cartas de amor um para o outro. Eles simplesmente pegam o telefone e dizem: "Você está livre hoje à noite? Vamos sair?" Isso é tudo, e você fica com nada para guardar. É uma pena. Devemos reaprender a escrever cartas de amor de novo. Escreva para seu amado, para sua amada; que pode ser o seu pai, o seu filho; pode ser sua filha, sua mãe, sua irmã ou amiga. Leve o tempo que precisar escrevendo sobre sua gratidão e amor.

Pequenos milagres

Há várias maneiras de você restabelecer a comunicação. Se achar muito difícil conversar com seu filho, por que você não pratica por um ou dois dias andando e respirando de modo atento e consciente? Depois sente-se e escreva uma carta de amor. Você pode usar o mesmo tipo de linguagem: "Meu querido filho, eu sei que você sofreu terrivelmente, e como um pai seu, sou parcialmente responsável, porque eu não soube transmitir o melhor de mim para você. Eu sei que você não soube como falar comigo sobre o seu sofrimento, e eu quero que isso mude. Eu quero estar presente para você. Vamos ajudar um ao outro e tentar melhorar nossa comunicação". Você tem que aprender a falar com este tipo de linguagem.

A fala amorosa vai nos resgatar. A escuta compassiva vai nos resgatar. Este é um milagre executado por nós, enquanto praticantes. Você tem a capacidade de fazer isso. Você tem, nas profundezas da sua consciência, paz suficiente, compaixão e compreensão suficientes. Você precisa recorrer a elas para que o ajudem, recorrer a seu Buda interno. Com um amigo amoroso lhe apoiando, você poderá recomeçar de uma nova maneira e restabelecer a comunicação.

6

Seu Sutra do Coração

Momento de gratidão, momento de iluminação

Em alguns momentos, nós nos sentimos muito gratos pela presença do outro em nossa vida. Apreciamos a presença dele ou dela. Enchemo-nos de compaixão, gratidão e amor. Nós já experimentamos momentos como esse na vida. Nós nos sentimos muito agradecidos pelo fato de a outra pessoa ainda estar viva, por ela ainda está conosco e ter permanecido do nosso lado durante os tempos difíceis. Gostaria de sugerir que, se momentos como esses acontecerem de novo, aproveitem.

Para realmente aproveitar esse momento, retire-se para um lugar onde você possa ficar sozinho(a). Não vá simplesmente até o outro dizer: "Sou tão agradecida(o) por você estar viva(o)". Isso não basta. Isso pode ser feito depois. Naquele exato momento, o melhor é você se recolher no seu quarto ou em algum lugar silencioso, e ficar imerso naquele sentimento de gratidão. Depois escreva seus sentimentos, sua gratidão, sua felicidade. Em meia página ou numa página inteira, dê o melhor de si ao se expressar por escrito, ou gravar sua voz. Este momento de gratidão é um momento de iluminação, de atenção consciente, de inteligência. É uma manifestação vinda das profundezas da sua consciência. Você tem esta compreensão e discernimento dentro de si. Mas quando fica com raiva, sua gratidão e amor parecem não existir mais. Você sente como se sua gratidão e amor nunca tivessem existido, por isso, você tem que escrevê-los numa folha de papel e guardá-los. De tempos em tempos, pegue-os e os leia de novo.

O Sutra do Coração, uma escritura cantada diariamente por muitos budistas, é a essência dos ensinamentos de sabedoria de Buda. O que você escreveu é um Sutra do Coração, pois vem do seu coração – não vem do coração de um bodisatva ou Buda, mas sim do seu próprio coração. Este é *o seu* Sutra do Coração.

Recite o seu Sutra do coração diariamente

Todos nós podemos aprender algo com a história da mulher que foi salva pelas cartas de amor que ela guardou numa caixa de biscoitos. Quando você lê cartas como essas vindas do coração, você é salvo por elas. Seu salvador não vem de fora, vem de dentro. Você é capaz de amar; você tem a capacidade de apreciar a outra pessoa e sentir-se grato por ela. Isso é uma bênção. Você sabe que é sortudo por ter encontrado seu parceiro, sua parceira, você é sortudo de ter seu amado, sua amada em sua vida. Por que você deixa essa verdade desaparecer? Essa verdade está no seu coração. Por isso você deve recitar o seu Sutra do Coração todo dia. Você deve olhar para ele. Toda vez que você entra em contato com o amor e a apreciação dentro de si, você se sente grato novamente, você volta a valorizar a presença dele ou dela.

Você precisa estar só para realmente apreciar a presença da outra pessoa. Se vocês sempre estiverem juntos, você pode começar a achar que o outro sempre estará disponível, esquecendo-se de apreciar sua beleza e bondade. De vez em quando, se afaste por três dias ou uma semana. Passe um tempo longe dele para poder apreciá-lo mais. Embora você esteja distante dele, ele será mais real para você, mais substancial do que quando vocês estavam constantemente juntos. Durante o tempo em que estiverem separados, você vai se lembrar do quanto ele é precioso para você.

Então, por favor, escreva ou produza o seu próprio Sutra, ou sutras, do Coração e guarde-o em um lugar sagrado. Tente recitá-lo frequentemente. Então quando você estiver totalmente dominado pela raiva, e não tiver a habilidade suficiente para acolhê-la, o seu Sutra do Coração vai lhe ajudar tremendamente. Pegue-o, pratique respirando conscientemente e o leia. Imediatamente, você vai se voltar para dentro de si e sofrerá muito menos. Quando você lê o seu Sutra do Coração, saberá o que fazer e como responder. O desafio é conseguir que você faça isso. Você precisa criar as condições, preparar, planejar e organizar, para que realmente possa se beneficiar da sua inteligência. Use o seu talento para reorganizar e criar esses tipos de práticas.

Vá embora da margem da raiva

Você ainda está na margem da raiva e do sofrimento. Por que não deixa essa margem, e vai para a outra margem – a margem da raiva-nenhuma, da paz e libertação? Lá é muito mais agradável. Por que você tem que passar várias horas, uma noite ou até mesmo dias sofrendo com raiva? Há um barco que você pode usar para atravessar rapidamente até o outro lado. Esse barco é a prática de nos voltar para dentro de nós, ao respirarmos conscientemente, de modo que possamos contemplar profundamente nosso sofrimento, raiva e depressão e sorrir para eles. Ao fazermos isso, superamos nossa dor e atravessamos para a outra margem.

Não fique nessa praia, continuando a ser vítima da própria raiva. A ausência de raiva existe em você; ter raiva nenhuma é possível. Apenas cruze o rio e vá para a outra margem, a margem da raiva-nenhuma. Lá é calmo, é agradável e refrescante. Não se permita ser tiranizado por sua raiva. Seja livre, liberte-se. Atravesse com a ajuda de um professor, de outros amigos que praticam e da sua própria prática. Confie nestes barcos para cruzar o rio e ir para a outra margem.

Neste exato momento, pode ser que você esteja na praia da confusão, raiva e dúvida. Não permaneça aí; vá para a outra praia. Com a sanga, seus irmãos e irmãs no Darma, com a sua prática de andar e respirar, sua prática de contemplar profundamente e de recitar o seu próprio Sutra do Coração, você atravessará rapidamente. Talvez em apenas alguns minutos. Você tem o direito de ser feliz. Você tem o direito de ser compassivo, de ser amoroso. A semente do despertar existe em você. Com a prática, você pode agora mesmo transformar essa semente em flor. Você pode por um fim no seu sofrimento, pois a eficácia do Darma é imediata. É mais rápida do que aspirina.

Dê um presente quando estiver com raiva

Pode haver momentos em que você esteja com raiva de alguém e tente de tudo para conseguir transformar sua raiva, mas nada parece funcionar. Neste caso, Buda sugere que você ofereça um presente a outra pessoa. Pode soar infantil, mas é muito eficaz. Quando estamos com raiva de alguém, queremos magoar aquela pessoa. Dar um presente a ela transforma a vontade de magoar em querer torná-la feliz. Então, quando estiver com raiva de alguém, envie um presente para ele. Depois de enviá-lo, você vai deixar de ter raiva dele. É muito simples, e sempre funciona.

Não espere até ficar com raiva para sair e comprar o presente. Quando estiver sentindo muita gratidão, ou quando sentir que ama muitíssimo ele ou ela, você sai e compra logo o presente. Mas não o envie; não o ofereça a outra pessoa ainda. Guarde-o. Você pode se dar ao luxo de ter dois ou três presentes guardados em segredo na sua gaveta. Posteriormente, quando você sentir raiva, pegue um deles e o envie. Isso é muito eficaz. Buda era muito inteligente.

O alívio da compreensão

Quando você está com raiva, quer aliviar seu sofrimento. Esta é uma tendência natural. Existem muitas formas de você encontrar alívio, mas o maior alívio vem da compreensão. Quando a compreensão está presente, a raiva some por si só. Quando você entende a situação da outra pessoa, quando entende a natureza do sofrimento, a raiva tem que sumir, pois será transformada em compaixão.

Contemplar profundamente é o remédio mais recomendado para a raiva. Se você contemplar, compreenderá as dificuldades do outro e sua aspiração mais profunda que ele ou ela nunca foi capaz de realizar. Desse modo, nasce a compaixão em você e a compaixão é o antídoto da raiva. Se você permitir que a compaixão brote do seu coração, o fogo da raiva se apagará imediatamente.

A maior parte do nosso sofrimento nasce da incompreensão e falta de discernimento da inexistência de um eu separado. A outra pessoa é você, e você é a outra pessoa. Se você se conecta com esta verdade, a raiva desaparecerá.

A compaixão é uma linda flor nascida da compreensão. Então quando você estiver com raiva de alguém, pratique inspirando e expirando conscientemente. Contemple a situação de maneira profunda para entender sua própria natureza e a natureza do sofrimento do outro e assim você será libertado.

Os perigos de desabafar

Existem terapeutas que nos aconselham a expressar nossa raiva para assim nos sentirmos melhor. Eles sugerem que a gente fale e faça coisas para extravasar a raiva; como pegar uma vara e bater em um pneu, ou bater a porta com toda sua força. Eles também sugerem espancar uma almofada. Esses terapeutas acreditam que esta é uma forma de removermos a energia da raiva de dentro de nós. Eles chamam isso de "desabafar".

Quando você tem fumaça no seu quarto, você quer arejá-lo para que a fumaça escape. Raiva é um tipo de fumaça, uma energia que lhe faz sofrer. Quando a fumaça da raiva surge, você quer abrir a porta e ligar o ventilador para que a raiva saia. Então, você ventila batendo numa pedra ou numa árvore com um pedaço de pau, ou esmurrando o seu travesseiro. Tenho visto muita gente praticar assim. Na verdade, elas podem até conseguir algum alívio temporário. Mas os efeitos colaterais desse desabafo são muito prejudiciais, e farão você sofrer muito mais.

A raiva precisa de energia para se manifestar. Quando você tenta desabafar usando toda sua força batendo em algo ou esmurrando o seu travesseiro, trinta minutos depois, você estará exausto(a). E porque está exausto(a), não terá energia sobrando para alimentar sua raiva. Você pode pensar que a raiva deixou de existir, mas isso não é verdade; você está simplesmente cansado demais para ter raiva.

São as raízes da raiva em você que produzem raiva. As raízes da raiva repousam na ignorância, percepções equivocadas, falta de compreensão e de compaixão. Quando você desabafa sua raiva, simplesmente abre a energia que está alimentando-a. As raízes da raiva estão sempre presentes, e ao expressar raiva desse jeito, você está fortalecendo as raízes da raiva dentro de si. É este o perigo de desabafar.

Um artigo sobre a raiva, intitulado "Letting Out Aggression Is Called Bad Advice" (Extravasar agressão é chamado de mau conselho) foi publicado no *The New York Times* em 9 de março de 1999. De acordo com este artigo, muita pesquisa havia sido feita por psicólogos sociais, e eles concluíram que tentar expressar sua raiva e sua agressividade batendo numa almofada ou em algo do tipo não vai lhe ajudar de forma alguma. De fato, isso vai piorar a situação.

Quando você está esmurrando o travesseiro, não está nem acalmando nem diminuindo sua raiva – você está ensaiando-a. Se praticar batendo num travesseiro, todo dia, a semente da raiva em você crescerá diariamente. E algum dia, quando encontrar a pessoa que lhe deixou com raiva, é possível que você queira praticar o que aprendeu. Você vai simplesmente bater na outra pessoa e acabar na prisão. Por esta razão, lidar com a própria agressividade batendo numa almofada ou desabafando, não ajuda de forma alguma. É perigoso. Não está realmente arejando a energia da raiva, pois a raiva não está saindo do seu sistema.

Desabafar raiva é uma prática baseada na ignorância. Quando você imagina o objeto da sua raiva como sendo um travesseiro, ao bater no objeto da sua raiva você ensaia sua ignorância e sua raiva. Em vez de diminuir sua violência e raiva, você se torna mais violento e furioso.

Vários terapeutas confirmam que a prática de desabafar raiva é perigosa. Eles me disseram que deixaram de aconselhar seus clientes a fazer isso. Depois de os clientes extravasarem esmurrando travesseiros, se sentiam cansados e então pensavam estar se sentindo melhor. Mas depois de descansar e se alimentar, se alguém chegasse e aguasse a semente de raiva neles, eles se tornavam ainda mais furiosos do que antes. Eles tinham alimentado as raízes de sua raiva ao ensaiá-las.

Quando há atenção consciente, você está fora de perigo

Temos que estar presentes para nossa raiva, temos que reconhecer sua presença e cuidar bem dela. Em psicoterapia isso é chamado de "entrar em contato com nossa raiva". Isso é maravilhoso e muito importante. Você tem que reconhecer e acolher a raiva quando ela se manifesta, em vez de reprimi-la.

Mas a importante questão aqui é quem é que identifica, entra em contato e cuida da raiva? A raiva é uma energia, e se esta energia for esmagadora você pode ser uma vítima dela. Você deve ser capaz de gerar um outro tipo de energia que possa reconhecer e cuidar da raiva. A raiva é uma zona de energia que precisa ser tocada, que precisa ser reconhecida. A questão é o que está tocando o quê? Que energia pode efetuar o toque e identificar? É a energia da atenção consciente. Então toda vez que ficamos com raiva, praticamos respirando e andando com atenção a fim de tocar as sementes da atenção consciente, e produzir essa energia em nós.

Atenção consciente não está presente para reprimir. Está presente para saudar amavelmente, reconhecer: "Olá, minha raivazinha querida, eu sei que você está aí, minha velha amiga". Atenção consciente é a energia que nos ajuda a nos conscientizarmos do que está presente. A atenção consciente quer dizer estar atento e consciente de algo. Você pode estar ciente da sua inspiração e expiração e isso significa respirar conscientemente. Você pode estar atento ao chá que está bebendo, e isso significa beber chá atentamente. Quando come conscientemente isso significa estar cônscio do ato de comer. Quando você anda atentamente, está cônscio de estar andando.

Aqui, no caso, nós praticamos atenção consciente da raiva. "Estou consciente de estar com raiva, e estou consciente da raiva que há em mim." Então, a atenção consciente está tocando, reconhecendo, saudando e acolhendo – sem lutar nem reprimir. O papel da atenção consciente é como o papel da mãe, que abraça e acalenta o sofrimento do filho. A raiva está em você; a raiva é seu bebê, seu filho. Você precisa cuidar muito bem dele. Quando a atenção consciente identifica a raiva, diz: "Olá, minha raiva, eu sei que estás aí. Não se preocupe que vou cuidar bem de você". No momento em que há atenção consciente, você está fora de perigo, você pode sorrir, porque a energia de Buda nasce em você.

Se você não souber administrar sua raiva, ela pode lhe matar. Sem atenção consciente, você pode se tornar vítima da raiva. Esta pode lhe fazer vomitar sangue e até mesmo morrer. Muita gente morre por causa da raiva – ela é um choque para todo o seu sistema, e cria uma dor e pressão tremenda em você. Quando Buda está presente, quando a energia da atenção consciente está presente, você está protegido(a). A atenção consciente lhe ajuda a cuidar bem da sua situação. Quando o irmão mais velho está presente, o mais jovem está à salvo. Quando a mãe está presente, o filho está protegido. Através da prática, a mãe ou a irmã mais velha em você vão aprimorando cada vez mais sua habilidade de cuidar da raiva.

Enquanto reconhecemos e acolhemos nossa raiva, devemos gerar atenção consciente continuamente. Podemos fazer isso através da prática contínua de andar e respirar com atenção consciente. Se não estiver conscientemente atento, nada que fizer o aliviará, mesmo que você esmurre o travesseiro com toda força. Esmurrar o travesseiro não lhe ajuda a entrar em contato com sua raiva nem a descobrir a natureza da sua raiva. Você tampouco entra em contato com o travesseiro. Se estivesse em contato com o travesseiro, saberia que era somente um travesseiro, e não o seu inimigo. Por que você bate no travesseiro desse jeito? Por não saber que aquilo é apenas um travesseiro. Quando você entra realmente em contato com algo, você conhecerá sua verdadeira natureza. Se estabelecer um contato profundo com alguém, saberá quem ela ou ele verdadeiramente é. Se a atenção consciente não estiver presente, entrar em contato com algo ou com alguém é impossível. Sem atenção consciente, você se torna vítima, pois sua raiva lhe impulsiona a fazer coisas prejudiciais.

Você é o objeto da sua raiva

Quem você pensa que é? Você é a outra pessoa. Se ficar com raiva do seu filho, está ficando com raiva de si mesmo. Você está equivocado quando pensa que seu filho não é você. O seu filho é você. Genetica, psicológica e cientificamente, o seu filho é uma continuação sua. Esta é a verdadeira realidade. Quem é sua mãe? Sua mãe é você. Você é uma continuação dela como descendente, e ela é uma continuação sua como antecessora. Ela lhe conecta com todos os que vieram antes, e você a conecta com todas as futuras gerações. Vocês pertencem ao mesmo fluxo de vida. Pensar que ela é uma entidade diferente, pensar que você tem nada a ver com ela é total ignorância. Quando um jovem rapaz diz: "Não quero ter mais nada a ver com o meu pai", isso é total ignorância, pois o rapaz nada mais é do que seu pai.

Quando era uma mãe, grávida do seu filho, você teve o discernimento de que seu filho é você. Você comia pelo seu bebê, você bebia pelo seu bebê, você cuidava do seu bebê. Quando cuidava de você mesmo, estava cuidando do bebê. Você era muito cuidadosa, pois sabia que o bebê era você. Mas quando a criança atinge a idade de 13 ou 14 anos, você começa a perder este discernimento. Você e seu filho se sentem separados, menos conectados. Você não sabe como melhorar o relacionamento de vocês, e fazer as pazes após uma briga. Logo, a distância entre vocês dois cresce e se torna mais sólida. Seu relacionamento se torna muito difícil e cheio de conflitos.

O discernimento detém a raiva

Pode parecer que vocês dois são duas entidades separadas, mas se contemplar mais profundamente, você verá que ainda são uma unidade. Portanto, apaziguar a disputa, restaurar a paz entre vocês dois, é como restabelecer a paz dentro de si mesmo, do seu próprio corpo. Você e seu filho têm a mesma natureza, vocês pertencem à mesma realidade.

Muitos anos atrás quando eu estava em Londres, entrei numa livraria e vi um livro intitulado *My Mother, My Self* (Minha mãe, eu mesmo). Este é um título inteligente. Sua mãe, você mesmo. Você pode escrever outro livro: "Minha filha, eu mesmo". Ou "Meu filho, eu mesma"; "Meu pai, eu mesmo". Esta é a verdadeira realidade. Quando você se enraivece com seu filho, está ficando com raiva de si mesmo. Quando você pune seu filho, está se punindo. Quando você infringe sofrimento no seu pai, infringe sofrimento em si mesmo. Nós compreendemos isso quando temos a clara compreensão do eu-nenhum, o discernimento de que o "eu" se compõe de elementos que não são "eu", como por exemplo, nosso pai, nossa mãe, todos os nossos antecessores e também o sol, o ar e a terra.

Quando você se conecta a esta compreensão – da realidade do eu-nenhum – sabe que a felicidade e o sofrimento não são questões individuais. O seu sofrimento é o sofrimento das pessoas que você ama. A felicidade delas é sua felicidade. Quando compreende isso, você deixa de ser tentado pelas ideias de punir ou acusar. Você se comportará com muito mais sabedoria. Esta inteligência, esta sabedoria, é fruto da sua contemplação, da sua profunda investigação. Portanto, quando você estiver lendo seu Sutra do Coração, será ajudado a se lembrar da compreensão de que seu filho, seu companheiro, é você.

Nós lemos um sutra para ficarmos imersos na verdade, na visão do eu-nenhum. O Sutra do Coração, que você está sendo incentivado a escrever, é um sutra que vem da sua própria compreensão de que você e a outra pessoa são unas. O Sutra do Coração diz respeito à sabedoria de que vocês não existem como "eus" separados, isolados. Seu Sutra do Coração lhe lembrará da sabedoria do seu amor. Quando estiver enfurecido, quando estiver sido enganado pela ideia de ser um eu separado, aquele Sutra do Coração ajudará você a se voltar para si mesmo de novo. Quando há discernimento, Buda está presente, e você está protegido. Não precisa continuar sofrendo.

Temos que nos lembrar constantemente de que existem várias formas de atenuar a raiva, mas o alívio melhor e mais profundo vem da compreensão e visão do eu-nenhum. Eu-nenhum não é uma filosofia abstrata. O eu-nenhum é uma realidade que você pode se conectar ao viver de modo atento e consciente. A visão do eu-nenhum irá restabelecer a paz e a harmonia entre você e a outra pessoa. Você merece paz, você merece felicidade. Por isso, você precisa sentar-se com ele ou com ela, e planejar uma estratégia para viverem juntos.

Além disso, você mesmo deve também descobrir um jeito de viver que venha trazer harmonia e paz. Você tem que assinar um tratado de paz consigo mesmo, pois muito frequentemente você se divide por conta de guerras e conflitos internos seus. Você está em guerra interna porque lhe falta sabedoria, lhe falta visão. Com compreensão, você pode restaurar paz e harmonia dentro de si e nos seus relacionamentos com os outros. Você saberá como agir e reagir de forma inteligente, para não mais estar em uma zona de guerra, uma zona de conflito. Se houver paz e harmonia em você, a outra pessoa reconhecerá isso, e a paz e harmonia entre vocês dois serão restauradas rapidamente. Você será alguém muito mais agradável e fácil de conviver, e isso ajudará a outra pessoa tremendamente.

Então, para ajudar seu filho, apazigue-se consigo mesmo. Examine-se profundamente. Se quiser ajudar sua mãe, restaure sua paz interior. Descubra a visão que lhe permitirá ajudar sua mãe. Ajudar-se é a primeira condição para você ajudar sua mãe. Ajudar-se é a primeira condição para ajudar o outro. Abra mão da ilusão chamada de "eu". Esta é a essência da prática que libertará você e a outra pessoa da raiva e do sofrimento.

7

Sem inimigos

Comece com você

Sem comunicação, a compreensão verdadeira é impossível. Mas primeiro se certifique de que é capaz de se comunicar consigo. Se for incapaz de se comunicar com você mesmo, como espera poder se comunicar com outra pessoa? O mesmo acontece com o amor. Se não amar você, não conseguirá amar outra pessoa. Se você não se aceita, se não consegue tratar-se com benevolência, não conseguirá fazer isso com o outro.

Muitas vezes, você se comporta exatamente como o seu pai, mas não percebe isso. Embora se comporte como ele, você sente que vocês são o extremo oposto um do outro. Você não aceita seu pai, você o odeia. Quando você não aceita seu pai não aceita a si próprio. Seu pai está em você; você é uma continuação do seu pai. Então, se puder se comunicar com você mesmo, poderá se comunicar com o seu pai.

O eu é formado de elementos que não são eu; por isso, compreender nós mesmos é a nossa prática. Nosso pai é um elemento "não eu". Dizemos que não somos nosso pai, mas sem pai não poderíamos existir. Então o pai está totalmente presente em nosso corpo e mente. Ele somos nós. Então, se você compreende a si mesmo, todo o seu ser, compreenderá que você é o seu pai – e que ele não está fora de você.

Há tantos outros elementos "não eu" que você pode acessar e reconhecer dentro de si: os seus antecessores, a terra, o sol, a água, o ar, todos os alimentos que você come e muito mais. Pode parecer que essas coisas existem separadas de você, mas sem elas, você não poderia viver.

Suponha que dois partidos em guerra queiram negociar e ambos os lados não conhecem muito bem sobre si mesmos. Você tem que realmente se conhecer, conhecer seu país, seu partido, sua situação, para compreender o partido do outro, a nação do outro, outros povos. Eu e os outros não são duas entidades separadas, pois o sofrimento, a esperança e a raiva de ambos os lados são muito parecidas.

Nós sofremos quando nos enraivecemos. Se você realmente entender isso, será capaz de entender também que, quando a outra pessoa está furiosa, ela está sofrendo. Quando alguém lhe insulta ou se comporta de modo violento em relação a você, você tem que ser suficientemente inteligente para entender que aquela pessoa está sofrendo com sua própria violência e raiva. Mas temos a tendência de nos esquecer disso. Pensamos que somos os únicos a sofrer, e que o outro é o nosso opressor. Isso basta para fazer nossa raiva surgir e fortalecer o nosso desejo de punir o outro. Queremos punir o outro, porque sofremos. Então, temos raiva e violência em nós tanto quanto o outro tem. Ao vermos que o nosso sofrimento e raiva não são diferentes do sofrimento e raiva deles, iremos nos comportar mais compassivamente. Desse modo, compreender o outro significa compreender a si mesmo, e compreender-se significa compreender o outro. Tudo deve começar conosco.

Para nos compreender, devemos aprender e praticar o método da não dualidade. Não devemos lutar contra nossa raiva, pois a raiva somos nós mesmos, é uma parte nossa. A raiva tem uma natureza orgânica, como o amor. Temos que cuidar bem da raiva. E por ser uma entidade orgânica, um fenômeno orgânico, é possível de ser transformada em outra entidade orgânica. O lixo pode ser transformado de volta em compostagem, em alface, em pepino. Então não despreze sua raiva. Não lute contra sua raiva, não reprima sua raiva. Aprenda a cuidar da sua raiva de maneira delicada e a transformá-la em energia de compreensão e compaixão.

A compaixão é inteligente

Compreensão e compaixão são fontes de energia muito poderosas. Elas são o oposto da estupidez e passividade. Se você pensa que a compaixão é passiva, fraca ou covarde, você não sabe o que significa a verdadeira compreensão e compaixão. Se você pensa que pessoas compassivas não resistem ou se opõem à injustiça, está enganado. Essas pessoas são guerreiras, heroínas e heróis que conquistaram muitas vitórias. Quando você age com compaixão e sem violência, quando age fundamentado em não dualidade, você tem que ser muito forte. Você não reage mais com raiva, você deixa de acusar ou punir. Sua compaixão cresce continuamente, e você consegue ter sucesso na luta contra injustiça. Mahatma Gandhi foi apenas uma pessoa. Ele não tinha bombas, nem armas, nem partido político algum. Ele agia simplesmente fundamentado no discernimento da não dualidade, da força da compaixão e não fundamentado em raiva.

Os seres humanos não são nossos inimigos. O nosso inimigo não é outra pessoa. O nosso inimigo é a violência, a ignorância e injustiça dentro de nós e da outra pessoa. Quando nós estamos armados com compaixão e compreensão, lutamos não contra o outro, mas contra a tendência de invadir, dominar e de se aproveitar do outro. Não queremos matar os outros, mas não vamos deixar que pessoas dominem e se aproveitem de outras. Você precisa se proteger. Você não é bobo. Você é muito inteligente e tem discernimento. Ser compassivo não significa permitir que outras pessoas ajam com violência com relação a elas mesmas ou a você. Ser compassivo significa ser inteligente. A ação não violenta, que surge do amor, só pode ser uma ação inteligente.

Ser compassivo não significa sofrer desnecessariamente ou perder o seu senso comum. Suponha que você esteja liderando um grupo de pessoas que andam em meditação, movendo-se devagar e de forma linda. Andar em meditação gera muita energia; envolve todos com calma, solidez e paz. Mas, de repente, começa a chover. Você continuaria a andar lentamente, deixando que você e todos os outros fiquem ensopados? Isso não seria inteligente. Se souber liderar bem a caminhada meditativa, você a transformará em um *cooper* meditativo. Você ainda manterá a alegria de estar andando em meditação. Você pode sorrir e gargalhar e assim provar que a prática não é imbecil. Temos que praticar de um modo inteligente. Meditar não é um ato tolo. Meditar não significa simplesmente seguir tudo o que a pessoa ao lado faz. Para meditar você tem que ser hábil e fazer um bom uso da sua inteligência.

Instituindo uma força policial compassiva

Ser bondoso não significa ser passivo. Ser compassivo não significa deixar que os outros passem por cima de você, ou deixar que os outros lhe destruam. Você tem que proteger você e os outros. Se precisar prender alguém porque ele é perigoso, então você tem que fazer isso. Mas tem que fazer isso compassivamente. Sua motivação é impedir que o outro continue destruindo e alimentando a raiva dele.

Você não tem que ser monge para ser compassivo, você pode ser um policial. Você pode ser um juiz ou um guarda do presídio. Mas enquanto policial, juiz ou guarda do presídio, precisamos ser bodisatvas. Precisamos que vocês sejam seres de grande compaixão. Embora tenham que ser muito firmes, devem sempre manter viva a compaixão dentro de vocês.

E se for praticante do viver consciente, você tem que ajudar o policial a agir com compaixão e destemor. Os policiais hoje em dia vivem com muito medo, raiva e estresse, pois foram assaltados diversas vezes. Aqueles que odeiam policiais e os insultam ainda não os compreendem. De manhã, quando eles vestem seus uniformes e armas, os policiais não tem certeza se, à noite, retornarão vivos para casa. Os policiais sofrem imensamente. As famílias deles sofrem muitíssimo. Eles não batem nas pessoas por prazer. Eles não têm prazer em atirar nas pessoas. Mas como não sabem como lidar com os blocos de medo, de sofrimento e violência dentro deles, eles também podem, como outras pessoas, se tornarem vítimas da sociedade. Então, se você, enquanto chefe de polícia, realmente compreender as mentes e corações das pessoas da sua seção policial, treinará de uma maneira que a compaixão e a compreensão nascerão em seu coração. Assim, você será capaz de educar e ajudar os policiais femininos e masculinos que têm que sair às ruas toda manhã e toda noite, para fazer tarefas difíceis de manter a cidade em paz.

Na França, os policiais são chamados de "guardiões da paz". Mas se você não tiver paz em você, como poderá manter a paz da cidade? Você tem que primeiro manter a paz dentro de si. A paz aqui significa destemor, inteligência e discernimento. Os policiais aprendem várias técnicas para se protegerem, mas técnicas de autodefesa não bastam. Você precisa ser inteligente. Tem que agir sem medo. Se estiver com medo demais, cometerá muitos erros. Você será tentado a usar a arma e poderá matar muita gente inocente.

Não podemos tomar partido

Em Los Angeles, quatro policiais surraram um motorista preto até quase matá-lo. A imprensa do mundo todo falou sobre o assunto, e todos queriam defender um lado. Seja para ficar do lado da vítima do espancamento ou do policial. Quando você julga e toma partido age como se estivesse fora do conflito. Age como se não fosse o motorista preto que foi espancado, ou os quatro policiais. Mas ao contemplar de maneira profunda, você entende que é a vítima da surra e também os quatro policiais que deram a surra. Raiva, medo, frustração e violência existem naquela pessoa que fora espancada e naqueles que a espancaram. E também existem em nós.

Para compreender os policiais e ajudá-los a sofrer menos, vamos imaginar que somos o marido ou esposa de um oficial de polícia. O convívio faz com que você saiba o quanto é difícil sua vida de casado. Então, todas as manhãs e todas as noites, você quer fazer algo para ajudar sua esposa ou marido a transformar a raiva, o medo e a frustração dele(a). Quando você é capaz de ajudar seu marido ou sua esposa a sofrer menos, a cidade inteira será beneficiada – até mesmo os jovens delinquentes. Esta é a melhor maneira de ajudar a comunidade. Com inteligência, discernimento e compaixão, você pode ajudar a evitar muitos acidentes.

Um diálogo para acabar com a raiva e a violência

A imagem de um policial muito violento, cheio de preconceito e medo não é uma imagem positiva. Por isso, muitos jovens veem o policial como um inimigo deles. Eles querem tocar fogo nos carros de polícia e espancar os policiais, porque a polícia é um objeto da raiva e frustração deles. Devemos organizar um encontro, um diálogo, entre policiais e jovens que cometeram atos de violência e foram emprisionados. Por que não organizarmos este tipo de conversa e darmos à polícia a oportunidade de falar sobre sua frustração, raiva e medo? Por que não televisionamos esta conversa para que toda a nação possa aprender com ela?

Esta seria uma verdadeira meditação: contemplar profundamente não enquanto indivíduo, mas como uma cidade, como uma nação. Não temos visto a verdade. Temos visto muitos filmes, histórias de detetive e de ocidentais, mas não temos visto a verdade que está no coração e mente de pessoas reais. Deveríamos organizar este tipo de diálogo para que a verdade pudesse ser mostrada à toda população.

Bombardeando-nos

"Deus, por favor, perdoa, pois eles não sabem o que estão fazendo" – disse Cristo. Quando alguém comete um crime e faz os outros sofrerem, não sabe o que está fazendo. Muitos jovens cometem crimes, e não sabem quanto sofrimento seus atos de violência causam. Toda vez que cometem um ato de violência, estão sendo violentos com eles mesmos e para com os outros também. Podem achar que cometendo esses atos violentos e expressando a raiva isso fará a raiva deles diminuir. Mas a raiva só continuará a crescer dentro deles.

Quando você joga bombas nos seus inimigos, está jogando as mesmas bombas em você mesmo, no seu próprio país. Durante a guerra no Vietnã, os estadunidenses sofreram tanto quanto os vietnamitas. O que precisamos fazer é deter a violência. E só se tivermos o discernimento de que o que fazemos ao outro estamos fazendo a nós mesmos é que poderemos conter a violência. Os professores devem mostrar aos alunos que, quando eles são violentos, eles mesmos sofrerão. Mas os professores não podem simplesmente dizer isso aos alunos, eles têm que ser mais criativos do que isso. Não devemos ser dogmáticos na maneira de compartilhar nossa visão com os outros. Devemos ser flexíveis e inteligentes, usando "meios hábeis". Meios hábeis são muito importantes.

Um Grande Ser tem que ser hábil na prática e saber ajudar outras pessoas.

Detendo guerras antes que aconteçam

A maioria de nós espera até que uma guerra aconteça para iniciar algum tipo de esforço para detê-la. Muitos de nós não sabemos que as raízes da guerra estão em toda parte, inclusive em nosso pensamento e estilo de vida. Não somos capazes de ver a guerra antes de ela se manifestar. Começamos a prestar atenção na guerra só quando a guerra eclode e as pessoas começam a falar sobre o assunto. Então, nós nos sentimos oprimidos pela intensidade da guerra. Nós nos sentimos impotentes. Tomamos partido e achamos que um está certo e o outro está errado. Condenamos um lado, mas não sabemos como contribuir para pôr um fim na destruição causada pela guerra.

Como um verdadeiro praticante, você precisa contemplar profundamente a realidade para ver a guerra antes que ela emerja. Você tem que começar agindo com o intuito de deter a guerra antes que ela ecloda abertamente. Usando seu discernimento e consciência, você pode ajudar outras pessoas a despertar e desenvolver a mesma consciência. Então juntos vocês podem agir com maestria para impedir que a guerra se manifeste abertamente.

Os países participantes do Tratado de Organização do Atlântico Norte (Nato) pensavam que a violência de bombear Belgrado era a única solução para pôr fim à discriminação racial na antiga Iugoslávia. Eles acreditavam que não havia outra maneira. Eles não eram capazes de ver e responder às raízes da guerra, já perceptíveis antes da guerra começar; pois era limitada sua capacidade de contemplar profundamente e de meditar. Paz e compreensão jamais podem surgir da violência. Somente contemplando profundamente para compreender as raízes da violência poderemos alcançar a paz.

Se for um bom praticante de meditação, você pode ter discernimento mais profundo do que os outros, e pode saber melhor sobre formas de deter a discriminação racial sem lançar mão de bombas ou outros meios violentos. Há muitas guerras prestes a eclodir por toda parte do planeta. Se você realmente é uma pessoa de paz, deve ter consciência disso e tentar ao máximo, junto com sua comunidade, impedir essas guerras antes de explodirem, causando violência extrema. Se você quer pôr fim a intervenções violentas como aquela em Kosovo, você tem que oferecer uma alternativa. Se tiver uma boa ideia, você pode transmiti-la ao seu deputado ou senador e instigá-los a intervir, para que um curso de ação mais positivo possa ser tomado. Nós precisamos aprender a meditar como nação, e não só como indivíduos, a fim de alcançar o tipo de discernimento capaz de impedir a guerra e a violência.

Lampejo coletivo

Há um jovem rapaz que é vegetariano, não porque seja fanático e dogmático, mas sim por ser consciente. Ele não come carne de animais, pois se compadece de comê-los. O pai do rapaz era muito infeliz por conta disso e então não havia harmonia nem alegria na casa dele. O jovem sabia que não podia deixar de ser vegetariano, pois ficaria infeliz se tivesse que comer animais. Ele não podia mudar só para agradar seu pai, mas não queria que esse clima tenso continuasse. Então usou a inteligência, e não permaneceu passivo.

Um dia, ele chegou em casa com uma fita de vídeo e disse: "Papai, este é um documentário maravilhoso". Ele então mostrou ao pai e toda família um vídeo sobre a matança dos animais. O pai sentiu tanto sofrimento assistindo os animais sendo abatidos que depois de ter assistido aquele filme, não quis mais comer carne. Foi uma compreensão direta, não uma ideia. Em vez de ficar com raiva, e permitir que o sofrimento o dominasse, o jovem agiu com amor, delicadeza, sabedoria e inteligência. Ele foi capaz de convencer toda família a não comer animais de modo que a compaixão pôde ser nutrida em cada um deles. O ato de mostrar aquele documentário foi muito habilidoso e cheio de amor. Com ações hábeis, você pode obter uma grande vitória.

Enquanto indivíduo, você pode ter algum discernimento, que faça surgir compaixão e a vontade de agir. Mas individualmente você só consegue fazer um tanto. Se outras pessoas não tiverem a mesma visão que você, você precisa dar o melhor de si para transformá-la em visão coletiva. Contudo, não pode forçar os outros a adotar sua visão. Você pode até forçá-los a aceitar suas ideias, mas assim será apenas uma ideia e não uma compreensão direta. Discernir não é uma ideia. A forma de compartilhar sua visão deve ajudar a criar as condições para que os outros possam ter o mesmo discernimento – através da própria experiência deles, não apenas acreditando no que você diz. Isso requer habilidade e paciência.

Ajudando o amor a ressurgir

Há uma irmã em Plum Village ainda muito jovem, com 22 anos, que foi capaz de ajudar a mãe e a filha a se reconciliarem, logo após terem jurado nunca mais ver a outra de novo. Em um período de três horas, ela conseguiu ajudar a mãe e a filha a resolverem esse conflito. No final, ambas praticaram a meditação do abraço. Elas se abraçaram de forma amável, inspiraram e expiraram conscientemente várias vezes, e praticaram: "Inspirando, sei que estou viva; expirando, sei que minha amada ainda está viva, aqui nos meus braços". Elas praticaram o estar consciente da dádiva que é a presença do outro e entraram em contato profundo com o momento presente, colocando cem por cento de si mesmas naquele abraço com a outra. O abraço proporcionou cura. Através da prática, elas perceberam que se amavam muito. Uma não sabia que amava a outra tanto assim, pois elas não tinham sido habilidosas na forma de se relacionar, falar e ouvir uma à outra.

Só porque a raiva e o ódio estão presentes isso não significa que a capacidade de amar e de aceitar inexistam. Se você for hábil como meditante ou militante da paz, poderá ajudar o ressurgimento do amor e da compreensão dentro de si e na outra pessoa. Por favor, não acredite que não há amor em você. Isso não é verdade; sempre há amor dentro de você. É como a luz do sol; mesmo quando chove, a luz solar está sempre lá um pouco acima das nuvens. Se você for um pouco acima das nuvens, verá muito sol brilhando. Então se você acredita que não existe amor em você, e que ódio é tudo o que você sente pela outra pessoa, você está errado(a). Espere até o outro morrer. Você vai chorar, chorar e desejar que ele pudesse voltar a viver. Isso prova que o amor existe. Você deve dar ao amor a oportunidade de se manifestar, enquanto a outra pessoa ainda estiver viva. Para auxiliar no ressurgimento do amor você tem que saber lidar com a sua raiva. Ela sempre anda junto da confusão e da ignorância.

Indo além do julgamento

Suponha que você seja professor(a) de uma criança de 5 anos de idade. Quando a mãe chega na escola para pegar a criança, você percebe que a mãe é agressiva e faz a menina sofrer. O que você pode fazer? Você pode fazer muita coisa. A criança ouvirá você, assim você pode ajudá-la a entender a mãe. Você também pode dar uma oportunidade a ela de se expressar e de lhe contar sobre as dificuldades que ela tem com a mãe, mesmo tendo apenas 5 anos. Você pode desempenhar o papel de uma boa mãe para a garota. Você pode dizer a ela que é possível vocês duas ajudarem a mãe dela. Você pode ensiná-la formas de agir e reagir em momentos em que a mãe estiver furiosa e violenta, evitando que a situação piore. É muito importante ajudar a garotinha, pois quando uma transformação acontecer nela, terá um efeito positivo na mãe.

Por ser professora da garotinha, você também tem acesso a mãe. Se tiver compaixão e discernimento, você será capaz de ajudar. Caso contrário, vai apenas julgar a mãe como estando errada e a filha como certa. Você só será capaz de condenar o comportamento abusivo da mãe. Você se opõe a violência dela com a filha. Mas só expressar sua desaprovação não ajuda. Você tem que fazer algo. Você deve agir com compaixão e compreensão, não só em prol da criança que sofre abuso, como também pela mãe e pai da criança. Se você não consegue ajudar o pai e a mãe da menina, também não conseguirá ajudá-la. Pode ser que você veja a criança como vítima, como a única que precisa de ajuda. Mas se você quiser realmente fazer de tudo para ajudar a filha, deve ajudar a mãe e o pai – que você considerava ser o inimigo. Se não ajudá-los, você não consegue ajudar a criança. Ajudar os pais significa ajudar a filha.

Os pais estão cheios de ignorância, estão cheios de violência e raiva, e por isso mesmo é que a filha deles está sofrendo. Então você precisa ter compaixão pelos pais. Tem que entender as raízes do sofrimento deles. Nossos educadores precisam saber disso e ajudar todos nós a cuidar dos pais para cuidar das crianças.

Servindo o nosso país

O governo francês está se empenhando muito em cuidar dos jovens que são violentos. Os governantes têm sim alguma visão. Eles compreendem que a violência e o sofrimento desses jovens são causados pela sociedade. Para saber como responder, precisamos ouvir como um médico. Devemos ouvir com muito cuidado o organismo da sociedade, para entender por que os jovens se tornaram tão violentos e irados. Se fizermos isso, veremos que as raízes da raiva e violência deles estão na família, na forma como os pais conduzem suas vidas cotidianamente. E as raízes da violência familiar são encontradas na maneira como a sociedade está organizada e como as pessoas consomem.

O governo também é formado de gente. O governo se compõe de pais, mães, filhos e filhas. E esses pais, mães, filhos e filhas também carregam dentro de si a violência da família deles. Portanto, se o primeiro-ministro da França não praticar a contemplação profunda não compreenderá sua própria raiva, violência, depressão e sofrimento, e não será capaz de compreender a violência, raiva e depressão da geração mais jovem. Ele também tem que compreender os membros do seu governo, do ministério da juventude, do ministério da educação, e assim por diante, e entender o sofrimento deles. Enquanto cidadãos e governantes devemos agir, mas nossa ação deve estar fundamentada em quê? Fundamentada na compreensão.

Se tivermos contemplado de forma suficientemente profunda para ver as raízes da raiva e violência em nossa sociedade, vamos sentir muita compaixão pelos jovens. Saberemos que só prendê-los e puni-los não vai ajudar. Foi isso o que disse, Jospin, o antigo primeiro-ministro da França. Então, ele e seu governo têm alguma visão. Mas precisamos ajudar enquanto povo e cidadãos. Temos que ajudar a aprofundar este tipo de visão. Como um(a) educador(a), um pai ou uma mãe, artista, escritor(a), nós temos que praticar para termos discernimento suficiente para ajudar nossos governantes.

Mesmo que você seja de outro partido político diferente do partido do governo, você precisa praticar. Quando ajuda o partido governante, você ajuda seu país. E é seu país que você deve ajudar, não um partido político. E se o atual primeiro-ministro francês tem agora a oportunidade de fazer algo para melhorar a condição dos jovens franceses, a maneira apropriada de servir a França é oferecendo a ele sua visão e ajuda. Isso não significa que você está traindo seu povo ou seu partido. Seu partido existe para servir o país, não para criar dificuldades para outro partido ou o partido que estiver no poder. Por isso, como um político, você deve praticar a não dualidade. Você tem que entender que compaixão está acima de qualquer afiliação política. Essa política não é partidária, mas sim uma política inteligente. São políticas humanas, que visam o bem-estar e a transformação da sociedade, e não simplesmente conquistar o poder.

8

Davi e Angelina
A energia do hábito de ter raiva

Havia um rapaz chamado Davi. Ele era um jovem bonitão, muito inteligente, nascido em uma família rica e tinha tudo o que precisava para ter sucesso. Mas ele não apreciava a vida, e não conseguia ser feliz. Tinha muitos problemas com seus pais, irmãos e irmãs. Ele não sabia se comunicar. Ele era uma pessoa muito egoísta, por isso sempre culpava seu pai, sua mãe, irmã e irmãos pela sua infelicidade. Sofria muito, mas não era infeliz porque todos o odiavam, ou porque todo mundo quisesse puni-lo. Ele era infeliz por não ser capaz de amar, de compreender. Conseguia fazer amizade por alguns dias, mas logo em seguida seus amigos o abandonavam porque era muito difícil estar perto dele. Ele era muito arrogante, autocentrado e sem compreensão e compaixão.

Um dia ele foi a um templo budista da cidade, mas não para ouvir uma palestra do Darma. Ele não se interessava por palestras do Darma. Ele tinha ido na esperança de fazer novas amizade, pois estava desesperadamente necessitado de um amigo. Até então ninguém tinha conseguido permanecer amigo dele. Ele era rico, bonitão e muita gente ficava interessada em conhecê-lo. Mas, depois de pouco tempo, todos se afastavam dele.

Então, naquela manhã, ele foi ao templo porque viver sem um amigo, uma amiga, era um grande sofrimento. Ele estava sedento de amizade, de companheirismo, mesmo que não fosse capaz de manter o(a) amigo(a) ou companheiro(a). E quando chegou ao templo, ele passou por um grupo de gente saindo, e entre essas pessoas estava uma moça muito bela. A imagem daquela jovem o tocou profundamente, e ele ficou apaixonou e transtornado. Ele perdeu o interesse de entrar no templo e deu à volta para seguir o grupo. Infelizmente, outro grupo de gente vinha entrando e a multidão dificultou a saída de David. Quando ele conseguiu sair do templo, o grupo e a bela senhorita haviam desaparecido.

Ele procurou em toda parte, cerca de uma hora, mas não conseguiu encontrá-la, e voltou para casa carregando aquela bela imagem no seu coração. Ele não conseguia dormir naquela noite ou na noite seguinte. E depois, na terceira noite, ele viu um belo senhor de barbas brancas no seu sonho. O senhor idoso lhe disse: "Se você quiser encontrá-la, vá até o mercado oriental hoje". Embora ainda não tivesse amanhecido, ele sentiu que não queria mais dormir. Levantou-se e esperou até o meio-dia, antes de sair em sua busca da jovem senhorita.

Quando chegou no mercado oriental, não havia muita gente lá. Ainda era muito cedo, então ele entrou numa livraria e começou a olhar por todos os lados. De repente, ele olhou para cima e viu um quadro de uma jovem muito bela pendurado na parede. Era a mesma moça que ele tinha visto no templo dias antes. Os mesmos olhos, o mesmo nariz, a mesma boca. No sonho, disseram a ele que encontraria aquela moça no mercado, mas talvez tenha sido isso que o senhor idoso quis dizer: o quadro era tudo que ele poderia ter. "Talvez eu mereça apenas uma imagem", pensou ele. "Eu não mereço a realidade." Por isso, em vez de comprar livros, ele usou todo seu dinheiro para comprar aquele quadro. Levou-o para casa e o pendurou na parede do seu dormitório na faculdade.

Ele era uma pessoa solitária. Ele não tinha amigos. Geralmente não ia à cafeteria do *campus*. Em vez disso, ficava em casa e comia macarrão instantâneo (*noodles*), e vez por outra, olhava para cima e convidava a senhorita do quadro para comer.

Você já deve ter adivinhado que David é asiático. Naquele dia, ele preparou duas tigelas de macarrão instantâneo e dois pares de *chopsticks* – aqueles pauzinhos que os chineses usam para comer. A segunda tigela era para a senhorita do quadro. Ele gostava de comer seu macarrão e, de vez em quando, erguia os olhos e convidava a senhora do quadro para comer.

Nós sabemos que há pessoas que não conseguem se comunicar com seres humanos. E vivem acompanhadas de um gato ou cachorro, para poder derramar neles todo seu amor e carinho. Compram as comidas mais caras para seus animais de estimação. Para muita gente é bem mais fácil amar um gato ou um cachorro, pois eles nunca discutem com você. Quando você diz algo desagradável, eles não reagem. O mesmo acontecia com Davi. Ele podia conviver em paz com a senhorita do quadro, mas se uma mulher real estivesse presente, é possível que ele não conseguisse conviver com ela por mais de vinte e quatro horas.

Certo dia, ele não conseguiu terminar de comer seu prato de macarrão instantâneo. A vida parecia não ter sabor de forma alguma. Ele estava cheio até o pescoço. Naquele momento, ele olhou para cima e viu o quadro. Estava prestes a se questionar: "Afinal de contas, para que serve viver?" quando viu a senhora piscar os olhos e sorrir. Ele tomou um susto. Pensou que estava sonhando. Esfregou os olhos, olhou novamente para cima, e lá estava ela totalmente imóvel. Após alguns dias, ele viu novamente a senhorita sorrir e piscar os olhos. E ficou pasmo. Continuou a olhar para ela, e de repente, ela se tornou uma pessoa real e desceu do quadro. O nome dela era Angelina, pois tinha vindo do céu. Você não pode imaginar o quanto o rapaz ficou feliz. Ele estava no paraíso. O que poderia ser mais maravilhoso do que ter como amiga uma moça tão linda como aquela?

Mas você já deve ter adivinhado o resto da história. Ele não foi capaz de ser feliz nem mesmo com uma pessoa tão boa e bem-disposta como Angelina. E três ou quatro meses depois, Angelina o deixou. Era impossível viver com alguém como Davi. Um dia de manhã ele acordou e encontrou um bilhete sobre sua escrivaninha. A jovem tinha ido embora para sempre. Ela escreveu: "Davi, é impossível viver com você. Você é egocêntrico, não tem capacidade de ouvir o outro. Você é inteligente, bonito e rico, mas não sabe preservar um relacionamento com outro ser humano". Naquela manhã, Davi quis se matar. Ele pensou que se não era capaz de conviver com uma moça tão bela e tão doce como aquela, ele deveria ser, portanto, sem valor ou merecimento. Procurou um pedaço de corda para se enforcar.

Todos os anos, 12.000 pessoas se suicidam na França. Isso significa trinta e três pessoas por dia, aproximadamente. Um número altíssimo. E Davi está entre essas pessoas, esperando que você vá resgatá-lo. Nos Estados Unidos e por toda Europa, o índice de suicídio é muito semelhante. As pessoas estão dominadas pelo desespero. Para muitos de nós, a comunicação se tornou impossível e a vida deixou de ter sentido.

Oferecendo o incenso do coração

Enquanto Davi tentava dar um nó na corda, de repente, ele se lembrou do dia em que Angelina sorriu para ele e disse: "Davi, se algum dia eu não mais estiver por aqui e você sentir muita saudade de mim, simplesmente acenda um incenso". No dia em que disse isso, ela tinha conseguido convencê-lo de ir com ela ao templo, ouvir uma palestra do Darma. Lá, o monge tinha explicado sobre a oferenda do incenso como um meio de comunicação. Quando você acende um incenso, você quer se comunicar com Buda, com os Bodisatvas, com nossos antecessores. Se é possível nos comunicarmos com nossos antecessores, também é possível nos comunicar com nossos irmãos e irmãs à nossa volta. Então o monge estava conversando sobre a comunicação através do ato de oferenda do incenso. Ele disse que o incenso que oferecemos deve ser o incenso do nosso coração: o incenso da atenção consciente, o incenso da concentração, o incenso da sabedoria, do discernimento. Davi estava lá, sentado junto de Angelina, mas não ouvia de maneira profunda. Mas ouviu o suficiente para se lembrar daquele evento. Depois dos dois terem deixado o templo, Angelina se virou para ele e disse: "Davi, se algum dia você quiser entrar em contato comigo, ofereça algum incenso".

Lembrando-se disso, ele largou a corda, correu até a loja próxima e comprou um pacote de incenso. Mas Davi não sabia como acender incenso. Em Plum Village, toda vez que oferecemos incenso, nós usamos somente um talinho. Ele usou o pacote inteiro e em apenas poucos minutos o quarto dele estava cheio de fumaça. Ele esperou quinze minutos, trinta minutos, uma hora, mas nada de Angelina aparecer. Então ele se lembrou do que o monge tinha dito: "Para que a verdadeira comunicação seja possível, você tem que oferecer o incenso do coração. Isto é, o incenso da atenção consciente, o incenso da concentração, o incenso do discernimento". Acender incenso sem atenção consciente não funcionava.

Davi permaneceu sentado e pensou profundamente sobre sua situação. Ele viu que não tinha tido sucesso com seus pais, seus irmãos e irmãs, com seus amigos, e com sua sociedade. Ele tinha até mesmo fracassado com Angelina. Ele começou a ver que sempre acusava os outros pelo sofrimento dele. Essa foi a primeira vez que ele se concentrou por algum tempo, e começava a ter algum discernimento. Essa foi a primeira vez na vida que ele se sentava tranquilamente e via que tinha sido injusto com seus pais e que a comunicação não tinha sido possível, em parte, por causa dele. Ele havia culpado todo mundo. E até aquele momento não tinha compreendido sua parcela de responsabilidade. Até mesmo com alguém tão doce e bonita como Angelina ele não tivera êxito.

Pela primeira vez, lágrimas correram pelas suas bochechas, e ele estava realmente arrependido pela maneira como tinha tratado seus pais, irmãos, irmãs e amigos. Ele se lembrou da vez que voltou bêbado para casa, muito tarde da noite, bateu em Angelina e abusou dela. Ele pensou em tudo isso e, de repente, uma gota de compaixão penetrou seu coração; um coração tão cheio de sofrimento e de aflições. E continuou chorando. Quanto mais ele chorava, mais ele se sentia com o coração renovado. Uma transformação aconteceu nele. Ele começou a entender o que Angelina tentava lhe dizer, sobre como viver em harmonia com os Cinco Treinamentos da Atenção Consciente, sobre a prática de ouvir de maneira profunda e de falar com amor. Ele sentiu vontade de começar de uma nova maneira, e disse a si mesmo que se Angelina um dia voltasse, ele seria uma pessoa diferente. "Eu vou saber cuidar dela, e fazer com que a felicidade seja possível." Naquele momento, bateram à porta. Angelina estava de volta. Embora Davi tivesse praticado somente por uma hora, a transformação dele tinha sido profunda.

Davi e Angelina estão entre nós

Não pense que Davi é apenas um personagem de uma história, alguém que existiu no passado. Não. Davi ainda está vivo, aqui sentado entre nós. Angelina também. Lembre-se que Davi era inteligente, bonitão, mas era muito forte a energia do hábito dele, de sempre acusar os outros pelo próprio infortúnio. Ele não conseguia se comunicar com seus pais, irmãos, irmãs e amigos. Ele os fazia sofrer. Ele não queria fazê-los infelizes, mas a energia do hábito de acusar era muito forte nele, e ele não conseguia evitá-la. Ele era solitário e pensava que era o único no mundo a ser tão solitário assim. Ele estava sedento por compreensão de outro ser humano, uma pessoa que pudesse ficar do seu lado. Todos nós temos essa necessidade – isso é muito humano. Precisamos de alguém que possa realmente nos compreender e nos ajudar a enfrentar as dificuldades da vida.

Então, não é difícil compreender Davi. Você compreende os desejos mais profundos dele. Compreende suas dificuldades. Um dia Angelina entrou na vida de Davi. Vez por outra, este tipo de felicidade também acontece para nós. Às vezes, uma pessoa muito encantadora entra em nossa vida. Mas se soubermos cuidar daquela pessoa, nossa vida se torna mais significativa. Mas se não soubermos cuidar de nós mesmos e da energia do nosso hábito, não vamos saber cuidar da nossa Angelina. Assim nos enraivecemos dela e a maltratamos. Foi por isso que Angelina nos deixou, por ter sofrido muito com o nosso comportamento.

Mantendo Angelina em nossa vida

No minuto em que Angelina desceu da pintura e se tornou uma pessoa real, ela deu um sorriso celestial para Davi. Ela olhou para o prato de macarrão instantâneo e disse: "Como você pode comer uma comida tão insalubre como essa? Só um minuto..." Então ela desapareceu. E rapidamente, reapareceu com um cesta de vegetais verdes. Ela preparou um delicioso prato de macarrão para Davi, muito diferente daqueles instantâneos que ele estava acostumado a comer.

Angelina é talentosa. Ela sabe como fazer você feliz. Mas você não foi agradecido(a), e não compreendeu isso. Você foi incapaz de manter sua Angelina e por isso ela partiu. Talvez você seja Angelina e tenha deixado seu Davi porque era muito difícil conviver com ele. Embora você tenha se esforçado ao máximo para ajudá-lo, era impossível conviver com ele.

Ele não foi capaz de reconhecer que você era a Angelina dele. A energia do hábito dele o empurrava a continuar a viver e a consumir de uma maneira que envenenava o corpo e a mente dele. Talvez ele fosse ao bar toda noite e ficasse bêbado. E por mais que você lhe suplicasse, ele não conseguia parar de beber. E toda noite voltava bêbado para casa e batia em você. Ele não era capaz de lhe ouvir de forma alguma. Independentemente do quanto você tentasse ser doce, ser paciente, ele sempre lhe interrompia, não lhe permitindo concluir sua frase. Ele nunca era capaz de ouvir você. Você era paciente, mas você tem seus limites. A comunicação era impossível e, por isso, você desistiu.

Onde está agora sua Angelina?

Quem é Davi e quem é Angelina? Eu gostaria que você respondesse esta pergunta. Será que você é Davi? Se for Davi, então onde está agora sua Angelina? Ela ainda está com você ou ela lhe deixou? O que você fez com ela? Como você a tratou? Cuidou bem dela? Foi capaz de fazê-la feliz? Temos que fazer todas essas perguntas a nós mesmos: "Onde está minha Angelina agora? Onde ela está? O que foi que fiz com ela?" Esses são questionamentos muito importantes, que nos ajudam a contemplar de modo profundo.

Esta é uma meditação, uma verdadeira meditação. Davi pode ser seu parceiro. Angelina pode ser sua parceira. Angelina pode ser homem ou mulher. Davi também. Angelina entrou na sua vida. No início, você estava tão feliz de estar com ela, você apreciava a presença dela. Você pensava que, com ela, a vida era possível de novo. Mas você foi incapaz de manter esse tipo de consciência. Esqueceu-se de que Angelina era uma dádiva da vida para você. Você a fez sofrer tanto que ela deixou você. Houve um tempo em que Angelina lhe suplicava que praticasse os Cinco Treinamentos da Atenção Consciente, mas como a energia do seu hábito era forte, você nunca aceitou. Ela lhe implorava que consumisse com moderação e que parasse de fumar e de beber. Ela lhe pedia para falar de maneira amável, e ouvir de maneira profunda, sugeria que se associasse com pessoas boas, e não com aquelas que regavam as sementes negativas em você. Mas você nunca a ouviu. Continuou com o seu estilo de vida, empurrado pela energia do seu hábito, e por isso ela teve que partir.

Sua Angelina pode ser que seja sua filha ou seu filho, que chegou em sua vida. Como você tem tratado ele ou ela? Você é capaz de viver em harmonia, paz e amor com seu filho ou sua filha? Ou você está tendo dificuldades com sua Angelina? Talvez sua Angelina tenha saído de casa. Na história, Davi estava prestes a cometer suicídio depois que Angelina foi embora. Mas ele se lembrou da palestra que tinha assistido sobre a prática da comunicação através do incenso e, de repente, o desespero dele se transformou em esperança. Ele acreditou que se oferecesse o incenso da atenção consciente e da concentração, Angelina voltaria para ele. Ele teve a oportunidade de sentar, pensar e refletir retrospectivamente sobre sua vida.

Recomeçando de uma nova maneira

Vivemos correndo continuamente em nosso dia a dia. Não temos a capacidade ou a oportunidade de parar e contemplar profundamente a vida. Precisamos refletir de maneira profunda, em retrospecto, para compreender. Davi permaneceu sentado por quarenta e cinco minutos no seu quarto; rememorando sua vida, obteve uma clara compreensão e começou a chorar. Esta foi a primeira vez na vida que chorou por ter reconhecido a energia do seu hábito e o prejuízo que tinha causado às pessoas ao seu redor: pais, amigos, irmãos e irmãs, e ele mesmo.

Podemos praticar sentados em meditação diariamente, mas será que já tivemos esse tipo de compreensão clara? Enquanto estiver sentado em meditação, você precisa ver sua Angelina entrando em sua vida como um anjo. Você precisa ver como as coisas, entre você e ela, se deterioraram: como você a tratou, como você fez ela sofrer, e como ela lhe deixou. Quando você consegue examinar seu relacionamento dessa maneira, está praticando a meditação profunda. A clara compreensão que você obtém lhe dirá exatamente o que fazer e o que não fazer. É possível você oferecer o incenso do coração e chamar sua Angelina de volta. Angelina está sempre presente. O amor ainda existe no coração dela. Angelina está disposta à perdoar, se você souber acender o incenso do seu coração, o incenso do treinamento da atenção, concentração e sabedoria.

Você pode ser algum sortudo, pois mais de uma Angelina entrou em sua vida. Seu parceiro, sua parceira, filho, filha, pai, mãe são todos Angelinas. A prática é chamar sua Angelina pelo seu verdadeiro nome, reconhecer e apreciar que ele ou ela é sua verdadeira Angelina. Não diga que nenhuma Angelina nunca entrou em sua vida. Isso não é verdade. Sente-se atentamente em silêncio, chame o nome dela, o nome dele e diga: "Minha Angelina, desculpe-me. Você entrou na minha vida, e eu lhe fiz sofrer. E, ao mesmo tempo, causei sofrimento a mim mesmo(a). Não tive a intenção. Fui inabilidoso(a). Eu não soube proteger você e eu com a prática dos Treinamentos da Atenção Consciente. Quero recomeçar de uma nova maneira". Se você realmente praticar dessa forma, Angelina voltará para você.

Protegendo minha Angelina

Eu também sou um Davi. Tenho muitas Angelinas em minha vida. E na minha pequena sala de meditação, tenho foto de aproximadamente cem das minhas Angelinas – meus alunos e alunas que vivem em nossos centros de práticas na França e nos Estados Unidos. Antes de sentar-me para praticar meditação, sempre olho aquela foto e me curvo reverenciando todas as minhas Angelinas. Depois eu me sento e me comprometo a viver de um modo tal, que minhas Angelinas nunca vão me abandonar. Eu me comprometo a falar conscientemente, a praticar todos os Treinamentos da Atenção Consciente, e a não trair minhas Angelinas. Ao fazer isso, evito causar sofrimento às minhas Angelinas e sou capaz de levar alegria para elas. Isso me deixa muito feliz.

Se sua Angelina lhe deixou, o que você fará para trazê-la de volta para sua vida? Pode ser que sua Angelina ainda esteja com você, mas prestes a ir embora, ou pode ser que ela já tenha lhe deixado. Em ambos os casos, a prática da proteção é relevante, pois a prática pode lhe ajudar a protegê-la ou trazê-la de volta para você. Por favor, não se percam em ideias abstratas. Ensinamentos espirituais são vivos, e podem lhe ajudar a proteger sua Angelina. A verdadeira sabedoria e compaixão nascem do contato com o sofrimento real. Este é um tipo de Darma apropriado, efetivo e relevante para a situação. Use todo o seu tempo e energia rememorando e faça essas perguntas para si mesmo: Onde está minha Angelina agora? Como eu a tratei? E se ela partiu: O que eu poderia fazer para trazê-la de volta para casa de novo?

9
Acolhendo a raiva com atenção consciente

Os nós da raiva

Em nossa consciência, existem blocos de dor, raiva e frustração, designados de formações internas. E também chamadas de "nós", pois eles nos amarram, e obstruem nossa liberdade. Quando alguém nos insulta, ou faz algo indelicado conosco, cria-se uma formação interna em nossa consciência. Se você não souber desfazer o nó interno e transformá-lo, o nó permanecerá ali por muito tempo. E na próxima vez que alguém lhe disser algo ou fizer algo com você da mesma natureza, aquela formação interna se fortalecerá. As nossas formações internas, enquanto nós ou blocos de dor internos nossos, têm o poder de nos empurrar e ditar o nosso comportamento.

Depois de um tempo, torna-se muito difícil transformar e desfazer esses nós, e não conseguimos aliviar a pressão desta formação cristalizada. A palavra sânscrita para formação interna é *samyojana*; que significa "cristalizar". Cada um de nós tem formações internas que precisam de nossos cuidados. Com a prática da meditação, podemos desfazer esses nós e experimentar transformação e cura.

Nem todas as formações internas são desagradáveis. Existem também formações internas prazerosas, mas que ainda podem nos fazer sofrer. Quando você sente o sabor, ouve ou vê algo aprazível, aquele prazer pode se transformar em um forte nó interno. Quando o objeto do seu prazer desaparece, você sente falta e sai em busca dele. E você consome muito tempo e energia tentando experienciá-lo novamente. Se você fuma maconha ou bebe bebidas alcóolicas, e começa a gostar disso, isso se transforma numa formação interna no seu corpo e mente. Você não consegue tirar isso da mente. Sempre irá buscar mais. A força do nó interno está compelindo e controlando você. Por isso, nossas formações internas usurpam nossa liberdade.

Apaixonar-se é uma grande formação interna. Quando se apaixona, você só pensa na outra pessoa. Você deixa de ser livre. Você não consegue fazer coisa alguma: não consegue estudar, não consegue trabalhar, não consegue apreciar a luz do sol ou a beleza da natureza em sua volta. Você só consegue pensar única e exclusivamente no objeto do seu amor. Por isso, nos referimos a este tipo de amor como um acidente: "estamos arreados, os quatro pneus", ou "caídos de amor" (*falling in love*). Você perde sua estabilidade e cai porque sofreu um acidente. Então o amor também pode ser considerado um nó interno.

Sejam prazerosos ou desprazerosos, os dois tipos de nós ambos roubam nossa liberdade. Por isso, devemos proteger com muito cuidado nosso corpo e mente, para impedir que esses nós se enraízem dentro de nós. As drogas, bebidas alcóolicas e tabaco também podem criar formações internas em nosso corpo. Enquanto a raiva, desejo ardente, ciúme, desespero podem criar formações internas em nossa mente.

Treinando agressão

A raiva é uma formação interna e, como nos faz sofrer, tentamos ao máximo nos livrarmos dela. Os psicólogos gostam de usar a expressão "retirá-la do seu sistema". E falam sobre desabafar a raiva, como ventilar um quarto cheio de fumaça. Alguns psicólogos dizem que quando a energia da raiva surge em você, você deve ventilar a raiva batendo numa almofada, chutando algo ou indo até à floresta para berrar e gritar bem alto.

Quando era criança, você não tinha a permissão de dizer certos palavrões. Pode ser que seus pais não tenham lhe permitido dizer essas palavras, por serem prejudiciais e danificarem os relacionamentos. Então você foi passear na mata ou num lugar isolado e gritou essas palavras de forma muito clara e forte, para aliviar o sentimento de opressão. Isso também significa desabafar.

As pessoas que usam técnicas de desabafar, como bater nos travesseiros ou gritar, na realidade, estão ensaiando a raiva. Quando alguém está com raiva e desabafa sua raiva batendo num travesseiro, ela ou ele está aprendendo um hábito perigoso. Estão se treinando em agressão. Em vez disso, nós geramos a energia da atenção consciente e acolhemos nossa raiva toda vez que ela se manifesta.

Tratando a raiva com ternura

Atenção consciente não luta contra raiva ou desespero. Atenção consciente está presente para reconhecer. Estar atento e consciente de algo significa reconhecer que algo existe no momento presente. Atenção consciente é a capacidade de estar ciente do que acontece no momento presente. "Inspirando, eu sei que a raiva se manifestou em mim; expirando, eu sorrio para minha raiva." Este não é um ato repressivo ou de combate, é um ato de reconhecimento. Uma vez que tenhamos reconhecido nossa raiva, nós a envolvemos com muita atenção e ternura.

Quando está frio no seu quarto, você liga o aquecedor e o aquecedor começa a enviar ondas de ar quente. O ar frio não precisa sair do quarto para o quarto ficar morno. O ar frio é envolvido pelo ar quente e o quarto fica morno – não há luta, de forma alguma, entre os dois.

Nós praticamos da mesma forma ao cuidar da nossa raiva. A atenção consciente reconhece a raiva, e está ciente da sua presença, aceita e permite que ela esteja ali. Atenção consciente é como um irmão mais velho, que não reprime o sofrimento do seu irmão mais jovem. Ele simplesmente diz: "Querido irmão, estou aqui ao seu dispor". Você pega o irmão menor nos braços e o conforta. A nossa prática é exatamente assim.

Imagine uma mãe se enraivecendo do bebê dela e batendo no bebê quando ele chora. A mãe não sabe que ela e seu bebê são um. Nós somos mães da nossa raiva, e temos que ajudar nosso bebê, nossa raiva, não combatê-la e destruí-la. Nossa raiva somos nós, como também é nossa compaixão. Meditar não significa lutar contra. No budismo, a prática de meditação deve ser a prática de acolher e transformar, não de lutar contra.

Utilizando raiva e sofrimento

Para cultivarmos a árvore da iluminação, nós devemos fazer bom uso das nossas aflições e sofrimento. É como cultivar flores de lótus; não conseguimos plantar um lótus no mármore. Não podemos plantar um lótus sem a lama.

Os praticantes de meditação não tratam mal ou rejeitam suas formações mentais. Não nos transformamos em um campo de batalha, onde o bem luta contra o mal. Nós tratamos nossas aflições, raiva e ciúme, com muita ternura. Quando a raiva surgir em nós, devemos imediatamente praticar respirando de modo atento e consciente: "Inspirando, eu sei que a raiva está em mim. Expirando, estou cuidando muito bem da minha raiva". Nós nos comportamos exatamente como uma mãe: "Inspirando, eu sei que meu filho está chorando. Expirando, eu vou cuidar bem do meu filho". Esta é a prática da compaixão.

Se você não soube tratar a si mesmo compassivamente, como poderia tratar o outro compassivamente? Quando a raiva surgir, continue a praticar, respirando e andando atentamente para gerar a energia da atenção consciente. Continue envolvendo com ternura a energia da raiva em você. A raiva pode continuar por algum tempo, mas você está fora de perigo, porque Buda está em você, lhe ajudando a cuidar bem da sua raiva. A energia da atenção consciente é a energia de Buda. Quando você respira conscientemente e acolhe sua raiva, você está sob a proteção de Buda. Não há dúvida nisso: Buda está acolhendo você e sua raiva com muita compaixão.

Dar e receber a energia da atenção consciente

Quando você estiver com raiva, quando sentir desespero, pratique respirando e andando de modo atento e consciente para gerar a energia da atenção consciente. Essa energia permite que você reconheça e acolha os seus sentimentos dolorosos. E se sua atenção consciente não for suficientemente forte, peça a um irmão ou irmã praticante para sentar do seu lado, respirar junto com você, conversar com você e lhe apoiar com a energia de atenção consciente dele ou dela.

Praticar atenção consciente não significa que você tenha que fazer tudo sozinho(a). Você pode praticar com o suporte dos seus amigos. Eles podem gerar energia da atenção consciente para lhe ajudar a cuidar das suas emoções aflitivas.

Também podemos ajudar os outros, com a energia da nossa atenção consciente, quando estiverem em dificuldades. Quando nosso filho estiver se afogando em uma intensa emoção, podemos segurar a mão dele e dizer: "Meu querido, respire. Inspire e expire com mamãe, com papai". Também podemos convidar nossa filha para caminhar junto conosco em meditação, pegamos gentilmente na mão dela, ajudando-a a se acalmar, com cada passo. Quando você transmite à sua filha um pouco da sua energia atenta e consciente, ela conseguirá se acalmar muito rapidamente e acolher as emoções dela.

Reconhecendo, acolhendo e aliviando o sofrimento da raiva

A primeira função da atenção consciente é reconhecer, não combater. "Inspirando, sei que a raiva se manifestou em mim. Olá, minha raivazinha!" E expirando: "Eu vou cuidar bem de você".

Após ter reconhecido nossa raiva, nós a acolhemos. Esta é a segunda função da atenção consciente e é uma prática muito agradável. Em vez de combater, cuidamos bem da nossa emoção. Se você souber acolher sua raiva, algo mudará. Já dissemos muitas vezes isso: é como cozinhar batatas. Você tampa a panela e depois a água começará a ferver. Para as batatas cozinharem, você deve manter o fogo aceso por pelo menos vinte minutos. Sua raiva é um tipo de batata e você não pode comer batata crua.

Atenção consciente é como o fogo cozinhando as batatas da raiva. Os primeiros minutos de reconhecimento e afetuoso acolhimento da sua raiva podem gerar resultados. A raiva ainda está presente, mas você deixa de sofrer tanto, pois sabe como cuidar do seu bebê. Então a terceira função da atenção consciente é acalmar e aliviar. A raiva está presente, mas está sendo cuidada. A situação deixou de ser caótica, com o bebê chorão sendo deixado totalmente só. Agora a mãe está presente para cuidar do bebê e a situação está sob controle.

Mantendo viva a atenção consciente

E quem é esta mãe? Buda vivo é a mãe. A capacidade de ser consciente, atento, compreensivo, amoroso e cuidadoso é nosso Buda interno. Toda vez que somos capazes de gerar atenção consciente, faz o nosso Buda interno se tornar uma realidade. Tendo Buda em você, você não tem mais com o que se preocupar. Tudo vai dar certo se você souber manter vivo seu Buda interno.

É importante reconhecer que nosso Buda interno está sempre disponível. Mesmo se estivermos furiosos, sendo indelicados ou em desespero, Buda está sempre em nós. Isso significa que sempre temos o potencial de ser atentos e conscientes, de ser compreensivos e amorosos.

Precisamos das práticas de respirar ou andar de modo atento e consciente para nos conectar com nosso Buda interno. Quando você toca as sementes da atenção que repousam em sua consciência, Buda se manifestará na sua consciência mental e acolherá sua raiva. Você não precisa se preocupar, apenas continue a praticar respirando ou andando para manter Buda vivo em você. Assim, tudo vai dar certo. Buda reconhece. Buda acolhe. Buda alivia, acalma e examina profundamente a natureza da raiva. Buda compreende. E essa compreensão promoverá transformação.

A energia da atenção consciente contém as energias da concentração e do discernimento também. Concentração lhe ajuda a focar só numa coisa. Com concentração, a energia da contemplação se torna mais poderosa. Por isso, uma descoberta pode acontecer, que é o discernimento. O discernimento sempre tem o poder de libertar você. Se a atenção consciente estiver presente e você souber mantê-la viva, a concentração também estará presente. E se você souber manter a concentração viva, o discernimento também surgirá. Portanto, atenção consciente reconhece, acolhe e alivia. E nos ajuda a contemplar profundamente para obter discernimento. O discernimento é o elemento libertador, que nos liberta e permite que a transformação aconteça. Esta é a prática budista de cuidar da raiva.

O porão e a sala de estar

Vamos usar uma casa para representar nossa consciência. Podemos identificar duas partes: o porão é a consciência armazenadora e a sala de estar, a consciência mental. As formações internas, como raiva, repousam na consciência armazenadora – no porão – na forma de semente, até que você ouça, veja, leia ou pense em algo que toque sua semente de raiva. Então ela sobe e se manifesta na sua consciência mental, a sua sala de estar. Ela se manifesta como uma zona de energia que cria uma atmosfera pesada e desagradável na sua sala de estar. Quando a energia da raiva brota, nós sofremos.

Toda vez que a raiva se manifesta, o(a) praticante convida logo a energia da atenção consciente para que se manifeste, através da prática de andar em meditação e respirar conscientemente. Desse modo, outra zona de energia – a energia da atenção consciente – é criada. É muito importante aprender as práticas de viver de modo atento e consciente enquanto andamos, respiramos, faxinamos ou trabalhamos no dia a dia. Assim, toda vez que uma energia negativa se manifestar, saberemos como gerar a energia da atenção consciente para envolver e cuidar daquela energia negativa.

A mente também precisa de boa circulação

Há toxinas em nosso corpo e, se nosso sangue não estiver circulando bem, essas toxinas vão se acumular em certos lugares. Para permanecer saudável, nosso organismo tem que expelir essas toxinas. Massagear estimula a circulação sanguínea. Quando o sangue circula bem, pode nutrir órgãos, como os rins, o fígado e os pulmões, para que eles expulsem as toxinas do corpo. Por isso é importante ter boa circulação sanguínea. Beber muita água e praticar respiração profunda também pode ajudar a expelir as toxinas do corpo, através da pele, dos pulmões, da urina e das fezes. Todas as práticas que ajudam a eliminar toxinas do nosso sistema são muito importantes.

Agora suponha que estou com um ponto muito doloroso no meu corpo, porque muitas toxinas se acumularam ali. Toda vez que eu toco nesse ponto, ele dói; isso é equivalente a tocar um nó interno mental. A energia da atenção consciente, a prática da atenção consciente é como massagear uma formação interna. Você pode ter um bloco de sofrimento, dor, aflição ou desespero dentro de si e isso é um veneno, uma toxina na sua consciência. Você tem que praticar atenção consciente para acolher e transformar a toxina.

Envolver sua dor e aflição com a energia da atenção consciente é exatamente a prática de massagear, não o nosso corpo, mas a nossa consciência. O estado em que nossa consciência está pode ser de má circulação. Quando o sangue não circula bem, consequentemente, os nossos órgãos não conseguem funcionar adequadamente e adoecemos. Quando nossa psique não circula bem, então nossa mente adoece. Atenção consciente é uma energia que estimula e acelera a circulação através dos blocos de dor.

Ocupando a sala de estar

Os nossos blocos de dor, de aflição, de raiva e desespero sempre querem subir para nossa consciência mental, nossa sala de estar, pois cresceram tanto que precisam da nossa atenção. Eles querem emergir, mas não queremos que venham à tona, pois é doloroso olhar para eles. Por isso, tentamos bloquear o caminho deles. Queremos que fiquem adormecidos lá embaixo no porão. Como não queremos enfrentá-los, temos o hábito de encher nossa sala de estar com outros convidados.

Mas toda vez que tivermos dez ou quinze minutos de tempo livre, e não soubermos o que fazer, esses nós internos virão à tona e vão bagunçar a sala de estar. Para evitar isso, pegamos um livro, ligamos a televisão, saímos para dar uma volta, fazemos qualquer coisa para manter nossa sala de estar ocupada. Quando a sala de estar fica ocupada, essas desagradáveis formações internas não emergirão.

Todas as formações mentais precisam circular, mas nós não queremos que elas se manifestem, pois não queremos sentir dor. Queremos que elas fiquem trancadas à chave em um lugar seguro. Temos muito medo, pois acreditamos que vamos sofrer muito se as deixarmos emergir. Por isso, nosso hábito diário é encher a sala de convidados, como: televisão, livros, revistas e conversas, para evitar que essas formações internas venham à tona. Se continuarmos fazendo isso, criaremos má circulação em nossa psique e os sintomas da doença mental e depressão começarão a aparecer, podendo se manifestar em nosso corpo ou em nossa mente.

Às vezes quando temos uma dor de cabeça, tomamos uma aspirina, mas a dor de cabeça não desaparece. Esse tipo de dor de cabeça pode ser um sintoma de indisposição mental. Às vezes temos alergias. Pensamos que é um problema físico, mas as alergias também podem ser sintomas de um mal-estar mental. Os médicos nos aconselham a tomar drogas, e assim continuamos a reprimir nossas formações internas e piorando nosso mal-estar.

Deixando seus convidados indesejados à vontade

Quando você remove o obstáculo e os blocos de dor vêm à tona, você terá que sofrer um pouco. Não há como evitar isso. Foi por isso que Buda disse que você tem que aprender a acolher sua dor. E é por essa razão, que a prática da atenção consciente é tão importante. Você gera uma poderosa fonte de energia para que você possa reconhecer, acolher e cuidar dessas energias negativas. E já que Buda está em você, enquanto energia da atenção consciente, você pede que Buda se aproxime e lhe ajude a acolher os seus nós internos. Se esses nós não quiserem vir à tona, você os induz a se manifestarem. Depois de terem sido acolhidos por algum tempo, esses nós vão retornar ao porão e se tornar sementes de novo.

Por exemplo, Buda disse que todos nós temos a semente do medo, mas a maioria de nós reprime o medo e o mantém trancado no escuro. Para nos ajudar a identificar, acolher e examinar profundamente as sementes do medo, Buda nos apresentou a prática das *Cinco Lembranças:*

1) Envelhecer faz parte da minha natureza. Não posso escapar do envelhecimento.

2) Adoecer faz parte da minha natureza. Não posso escapar da doença.

3) Morrer faz parte da minha natureza. Não posso escapar da morte.

4) Mudar faz parte da natureza de tudo o que estimo e todos que amo. Não há como eu evitar ser separado de tudo e todos. Não posso guardar nada. Cheguei aqui de mãos vazias e vou partir de mãos vazias.

5) Minhas ações são os meus únicos e verdadeiros pertences. Não posso escapar das consequências de minhas ações. Elas são o alicerce que me sustenta.

Temos que praticar todo dia dessa maneira, passando algum tempo contemplando cada uma das lembranças, enquanto seguimos nossa respiração. Praticamos *As Cinco Lembranças* para que a semente do medo possa circular. Devemos solicitá-lo que se apresente para ser reconhecido, e acolhido. Para que depois, quando descer novamente, esteja menor. Quando solicitamos que nossa semente de medo suba, dessa forma, vamos estar bem mais equipados para cuidar da nossa raiva. O medo vivifica a raiva. Você não tem paz quando está com medo, então o medo se torna o solo onde a raiva pode crescer. O medo se fundamenta na ignorância, e essa falta de compreensão também é a principal causa da raiva.

Toda vez que você dá um banho de atenção consciente nas suas formações internas, os blocos de dor em você se tornam mais leves e menos perigosos. Então, todos os dias, dê um banho de atenção consciente na sua raiva, no seu desespero, no seu medo; esta é a sua prática. Se a atenção consciente não estiver presente, será muito desagradável se essas sementes brotarem. Mas se você souber gerar a energia da atenção consciente, é muito saudável convidá-las a subir todos os dias para cuidar delas. Depois de vários dias ou semanas trazendo-as à tona diariamente e ajudando-as a descer novamente, você terá criado uma boa circulação em sua psique e os sintomas da doença mental começarão a desaparecer.

A atenção consciente faz o trabalho de massagear suas formações internas e blocos de sofrimento. Você tem que deixá-los circular, e isso só é possível se você não estiver com medo deles. Se aprender a não temer seus nós de sofrimento, você poderá aprender a acolhê-los com a energia da atenção consciente e a transformá-los.

10
Respirando conscientemente

Respire para cuidar da sua raiva

Quando a energia da raiva, do ciúme ou desespero se manifesta em nós, precisamos saber como lidar com essas energias. Caso contrário, seremos dominados por elas e vamos sofrer tremendamente. A prática de respirar conscientemente pode nos ajudar a cuidar das nossas emoções.

Precisamos primeiro aprender a cuidar bem do nosso corpo, para cuidar bem das nossas emoções. Ao nos tornarmos conscientes da nossa inspiração e expiração, conscientizamo-nos do nosso corpo. "Inspirando, estou cônscio do meu corpo como um todo; expirando, estou cônscio do meu corpo como um todo." Volte-se para seu corpo. Abrace-o com a energia cuidadosa gerada pela prática de respirar conscientemente.

Na vida cotidiana, podemos estar muito atarefados cuidando de inúmeras coisas, e pode ser que nos esqueçamos de quanto nosso corpo é importante para nós. Nosso corpo pode estar sofrendo ou doente. Então precisamos saber nos voltar para nosso corpo, e envolvê-lo com ternura e atenção consciente. Tal como uma mãe que sustenta carinhosamente seu bebê nos braços, estamos fazendo algo muito semelhante. Voltamo-nos para o corpo e o envolvemos com ternura, com a energia da atenção consciente. Depois de envolver o corpo inteiro, começamos a envolver todas as partes do nosso corpo, de uma por uma – nossos olhos, nosso nariz, pulmões, coração, estômago, rins, e assim por diante.

Relaxamento profundo para acolher e curar a raiva

A melhor posição para praticar esse exercício é a deitada. Você foca a atenção numa parte do seu corpo, como o seu coração. Ao inspirar, você se conscientiza do seu coração e enquanto expira sorri para ele. Você envia ao seu coração seu amor e ternura.

A energia da atenção consciente é como um feixe de luz que pode nos mostrar claramente cada parte do nosso corpo. Os hospitais modernos têm escaneadoras que escaneiam nosso corpo e conseguem ver claramente cada parte dele. Só que o feixe de luz da escaneadora é um feixe de raio-x, não o feixe amoroso da atenção consciente.

Chamamos esta prática de escanear o corpo com o raio de luz da atenção consciente durante Relaxamento Profundo (cf. Apêndice D). Outra instrução para respirar conscientemente é "Inspirando, acalmo meu corpo inteiro, expirando, acalmo meu corpo inteiro". Pode ser que o seu corpo esteja tenso e agitado, e envolvê-lo com a energia da atenção consciente pode ajudá-lo a relaxar e acalmar-se de novo. Quando o corpo funciona tranquilamente, pode começar a curar-se. Isso ajuda a mente a também relaxar e se curar.

De acordo com este ensinamento, nossa respiração é uma parte do nosso corpo. Quando estamos com medo de algo ou quando estamos com raiva, nossa respiração é rasa e a qualidade da nossa respiração é muito baixa. Nossa respiração fica curta, barulhenta e totalmente agitada. Mas se souber como começar a inspirar e expirar conscientemente, acalmando súa respiração, desse modo, em poucos minutos, sua respiração vai melhorar. Sua respiração se tornará mais leve, mais silenciosa e mais harmoniosa. E sua mente começará a se acalmar.

Respirar, tal como meditar, nada mais é do que uma arte. Você precisa ser muito habilidoso ao manejar sua inspiração e expiração, para que a harmonia seja reestabelecida no seu corpo e sua mente. Se você dominar sua respiração com violência, você não consegue criar harmonia e paz no seu corpo ou na sua consciência. Quando sua respiração estiver mais calma e profunda, você pode continuar respirando desse modo e envolvendo as diferentes partes do seu corpo.

Enquanto estiver deitado(a), respire conscientemente e gere a energia da atenção consciente. Escaneie seu corpo com o feixe de luz amorosa da sua atenção consciente, desde o topo da cabeça até chegar nas solas dos pés. Isso pode levar trinta minutos. Esta é a melhor forma de você mostrar seu interesse, amor e atenção ao seu corpo.

Cada um de nós deve ser capaz de fazer isso ao menos uma vez por dia. Você pode organizar seu horário para que todo dia, talvez antes de dormir, todos da família possam se deitar confortavelmente no chão e praticar total relaxamento, durante vinte ou trinta minutos. Desligue a televisão e convide todos para virem participar. No início, talvez você goste de usar uma fita para guiar toda família na prática do relaxamento profundo. Depois de um tempo, um(a) de vocês pode guiar a prática, ajudando todos a se acalmar e cuidar dos seus corpos.

Você pode sobreviver à tempestade

Há vários métodos simples de cuidar das nossas emoções arrebatadoras. Um deles é a "respiração abdominal", respirar a partir do baixo-ventre. Quando somos arrastados por uma intensa emoção, como medo ou raiva, nossa prática é trazer nossa atenção para o baixo-ventre. Permanecer no nível da inteligência é perigoso. As emoções aflitivas são como uma tempestade, e é muito perigoso permanecer no meio dela. Entretanto, isso é que a maioria de nós fazemos quando ficamos no nível mental permitindo que os sentimentos nos dominem. Em vez disso, temos que nos enraizar trazendo a atenção para baixo. Focamos em nosso abdômen e respiramos atenta e conscientemente, dando toda nossa atenção ao subir e descer da barriga. Podemos fazer essa prática sentados ou deitados.

Quando você observa uma árvore na tempestade, você vê que o topo da árvore está muito instável e vulnerável. O vento pode partir os galhos menores a qualquer momento. Mas quando desce o olhar e observa o tronco da árvore, tem uma impressão diferente. Você vê que a árvore está muito firme e imóvel, e sabe que ela será capaz de resistir à tempestade. Nós também somos como uma árvore. Nossa cabeça é como o topo da árvore durante a tempestade de uma emoção arrebatadora, portanto temos que direcionar a atenção na região do umbigo. Começamos a respirar atenta e conscientemente. Concentramos só na respiração, no subir e descer do nosso abdômen. Esta é uma prática muito importante, pois nos ajuda a ver que, embora uma emoção possa ser muito avassaladora, ela permanecerá só por algum tempo e depois vai embora; não pode durar para sempre. Se você se treina para praticar dessa maneira em tempos difíceis, você sobreviverá essas tempestades.

Você precisa saber que sua emoção é somente uma emoção. Ela chega, permanece por algum tempo, e depois vai embora. Por que alguém deveria morrer por causa de uma emoção? Você é mais do que suas emoções. É importante se lembrar disso. Durante a crise, enquanto você inspira e expira, esteja consciente de que sua emoção irá embora se você continuar praticando. Depois de ter tido êxito algumas vezes, você terá confiança em si mesmo e na prática. Não vamos permitir que nossos pensamentos e sentimentos nos aprisionem. Vamos direcionar nossa atenção ao baixo ventre, inspirar e expirar. Esta tempestade desaparecerá, portanto, não tenha medo.

Reconhecendo e acolhendo as formações mentais

Nós envolvemos nossos corpos com atenção consciente para acalmá-los. Podemos fazer a mesma coisa com as formações mentais: "Inspirando, estou ciente das minhas formações mentais. Expirando, estou ciente das minhas formações mentais". Na psicologia budista existem cinquenta e uma formações mentais. Existem formações mentais negativas, como a raiva, o anseio e o ciúme, e existem formações mentais positivas, como a atenção consciente e a equanimidade.

Quando experimentamos uma formação mental positiva, como alegria ou compaixão, nós devemos inspirar e expirar para nos conscientizar da alegria e compaixão dentro de nós. Quando envolvemos nossa alegria e nossa compaixão com a respiração consciente, dessa forma, elas serão multiplicadas por dez ou vinte vezes. Respirar conscientemente possibilita que a alegria e compaixão sejam mantidas por mais tempo e experimentadas com maior profundidade. Por isso, é muito importante acolher nossas formações mentais positivas, como alegria, felicidade e compaixão, quando elas surgem, pois são um tipo de alimento que nos ajuda a crescer. Nós falamos da "alegria da meditação enquanto alimento diário", pois o sentimento de alegria surgido da meditação, da atenção consciente, nos nutre e nos sustenta.

Do mesmo modo, quando a formação mental que surgir for negativa, como a raiva ou o ciúme, nós devemos nos voltar para dentro de nós, e acolhê-las com ternura, acalmando-as com a respiração consciente, como uma mãe faria para confortar seu filho febril. Então, "Inspirando, eu acalmo minhas formações mentais. Expirando, eu acalmo minhas formações mentais".

Sementes de raiva, sementes de compaixão

Falamos frequentemente sobre consciência enquanto solo, terra. As sementes de todas as formações mentais estão enterradas em nossa consciência armazenadora. Estas formações mentais nascem, surgem em nossa consciência mental, permanecem por algum tempo e depois voltam para a consciência armazenadora na forma de semente.

Nossa compaixão também dorme em nossa consciência armazenadora na forma de semente. Toda vez que tocamos ou aguamos uma semente, ela irá brotar e se manifestar em nossa consciência mental, o nível superior da consciência. Se uma semente positiva, como a semente de alegria ou compaixão, for regada e se manifestar, ela vai nos fazer sentir felizes. Mas se uma semente negativa, como a do ciúme, for regada e se manifestar, isso vai nos fazer sentir infelizes. Enquanto nossa alegria ou raiva estiver enterrada no chão e ninguém a toca, nós a chamamos de semente. Mas quando a semente se manifesta na consciência mental, nós a chamamos de formação mental. Temos que reconhecer a raiva em ambas as formas: enquanto semente repousando em nossa consciência armazenadora e enquanto formação mental, que é uma zona de energia ativa que surge em nossa consciência mental. Temos que compreender que mesmo quando a raiva não está manifesta, ela continua a existir.

Todos têm uma semente de raiva nas profundezas da sua consciência. Quando esta semente não está manifesta, você não se sente irritado de forma alguma. Não se sente enraivecido com alguém. Você se sente bem, sente-se revigorado, tem uma aparência amável. Você sorri, dá gargalhadas e conversa. Mas isso não significa que a raiva não esteja em você. A raiva pode não estar manifesta na sua consciência mental, mas está sempre presente na sua consciência armazenadora. Se alguém fizer algo ou disser algo que toque sua semente de raiva, esta se manifestará rapidamente na sua sala de estar.

Um bom praticante, uma boa praticante não é alguém que não tem mais qualquer raiva ou sofrimento. Isso é impossível. Um bom praticante ou uma boa praticante é alguém que sabe como cuidar bem da sua raiva e sofrimento logo que eles surgem. Alguém que não pratica não sabe o que fazer para lidar com a energia da raiva quando ela se manifesta, e pode ser facilmente dominado ou dominada pela raiva.

Mas se você adota um estilo de vida consciente, você não permite que a raiva lhe domine dessa forma. Você incita a semente da atenção consciente para que suba para cuidar da sua raiva. As práticas de respirar e andar conscientemente lhe ajudarão a fazer isso.

A energia do hábito e a respiração atenta

Todos nós temos a energia do hábito em nós. Somos suficientemente inteligentes para saber que se fizermos ou dissermos algo movidos por essa energia habitual, vamos prejudicar nossos relacionamentos. No entanto, mesmo sabendo disso, continuamos a agir movidos à raiva e ainda por cima falamos coisas de forma enfurecida. Por isso, muitos de nós temos gerado grande sofrimento aos nossos relacionamentos com outras pessoas. Depois do prejuízo ter acontecido, você fica muito arrependido e jura nunca mais fazer aquilo de novo. Você é muito sincero; e está cheio de boa vontade. Mas da próxima vez que a situação se apresenta, você faz exatamente a mesma coisa, fala exatamente do mesmo jeito, e causa o mesmo prejuízo inúmeras vezes.

Sua inteligência, seu conhecimento, não lhe ajudam a mudar a energia do seu hábito. Somente as práticas de reconhecer, acolher e transformar podem lhe ajudar. Foi por isso que Buda nos aconselhou a praticar respirando conscientemente para reconhecer e cuidar da energia do nosso hábito, logo que se manifestar. Se você é capaz de envolver a energia do seu hábito com a energia da atenção consciente, você estará então fora de perigo, e não vai repetir o mesmo erro de novo.

Um jovem amigo estadunidense que costuma vir à Plum Village, gostava muito de praticar durante as três semanas que passava conosco. Ele era muito constante, compassivo e compreensivo durante suas temporadas. Um dia, os monges pediram-lhe que fosse fazer compras para a comunidade em preparação da Festa de Ação de Graças. Enquanto fazia compras, de repente, ele percebeu que estava apressado e querendo que tudo fosse feito rapidamente para que ele pudesse voltar para Plum Village.

Essa foi a primeira vez, no decorrer de três semanas, que ele sentiu esse tipo de sentimento de estar apressado, de estar querendo que tudo fosse feito o mais rápido possível. Em Plum Village, ele vivia cercado de irmãos que praticavam com solidez e ele se beneficiava da energia deles. De modo que a energia dos hábitos de se apressar e se estressar não tinham tido a chance de se manifestarem. Fazendo compras na cidadezinha, ele estava só. Como ele não tinha o apoio daquele mesmo tipo de energia da sanga, então a semente de energia do hábito dele brotou imediatamente.

Mas ele foi capaz de reconhecer rapidamente a energia deste hábito e percebeu que tinha sido sua mãe quem transmitiu essa energia para ele. A mãe dele vivia sempre correndo, querendo que tudo fosse feito rapidamente, o quanto antes, o mais rápido possível. Com esta sacada, ele se voltou à prática de respirar conscientemente e disse: "Olá mamãe! Eu sei que você está aí". Depois de ter feito isso, a energia da correria simplesmente desapareceu. Ele reconheceu a energia do seu hábito, a acolheu atenta e conscientemente e foi capaz de transformá-la. E recuperou a paz e solidez que havia experimentado antes de deixar a comunidade. Ele sabia que só tinha sido capaz de fazer isso por causa da sua experiência em Plum Village.

Todos nós somos capazes de fazer isso. Toda vez que a energia do nosso hábito surgir, tudo o que precisamos fazer é reconhecê-la e chamá-la pelo seu nome. Nós respiramos conscientemente e dizemos: "Olá, meu ciúme; olá, meu medo; olá, minha irritação e raiva. Eu sei que você está aí e estou aqui a seu dispor. Vou cuidar bem de você e envolvê-la(o) com atenção consciente". Inspirando, nós saudamos a energia do nosso hábito e ao expirar, sorrimos para ela. Ao fazer isso, a energia do nosso hábito não consegue mais nos dominar. Estamos fora de perigo. Nós nos libertamos.

11
Restabelecendo a Terra Pura

Considerar felicidade uma prioridade

De tempos em tempos, nós temos que tomar uma decisão, e às vezes a decisão é muito difícil. Somos obrigados a fazer uma escolha dolorosa. Mas se soubermos o que é mais importante para nós, o que queremos de forma mais profunda para nossa vida, o processo de tomar decisão torna-se mais fácil, e não vamos ter que sofrer muito.

Quando alguém quer se tornar um monástico, por exemplo, esta não é uma decisão fácil. Se o desejo de ser monástico for menor que cem por cento, não se torne um monge ou uma monja. Quando você sente que a vida monástica é o que você mais quer, as outras coisas se tornam menos importantes e a decisão se torna muito mais fácil.

Eu escrevi três volumes sobre a história do budismo no Vietnã. Todos os três volumes foram muito bem recebidos pelos leitores. Ainda tem mais um para ser escrito, o quarto volume. É muito importante a história do budismo no Vietnã de 1964 até o presente. Escrever este livro é um projeto interessante e muito empolgante. Eu vivi durante esse período e, portanto, tive uma experiência direta. Se eu não escrever este livro, pode ser que não haja outra pessoa com tempo e experiência direta para escrevê-lo. Escrever este livro também poderia ajudar muitas pessoas a aprender mais sobre o desenvolvimento e prática do budismo.

Há, em mim, um historiador. E sinto imensa alegria quando desempenho este papel de fazer descobertas, revelar coisas novas para outras pessoas, e oferecer a geração mais nova uma direção a seguir. Elas podem aprender muito com os erros e sucessos das gerações passadas. De modo que o meu desejo de escrever este quarto volume é muito forte. Mas não tenho conseguido escrevê-lo, pois há muitas coisas mais urgentes a serem feitas, como ajudar a aliviar o sofrimento de pessoas que estão bem ao meu lado, diante de mim e à minha volta. Eu não tenho condições de ser um estudioso, um historiador, mesmo sabendo que este livro é muito importante. Tenho todos os documentos necessários para escrever este livro, mas eu precisaria de um ano para finalizá-lo. O que significaria nenhum retiro, nenhuma palestra do Darma, nenhuma consulta, e assim por diante.

Todos nós temos muitas coisas para realizar em nossa vida cotidiana. É você quem tem que decidir quais são as coisas mais importantes para você. Obter um diploma universitário pode lhe tomar seis ou até mesmo oito anos; o que é um período bastante longo. Pode ser que acredite que este diploma é importante para o seu bem-estar e sua felicidade. Pode até ser, mas talvez haja outros elementos mais importantes para o seu bem-estar e felicidade. Você pode se empenhar em melhorar o seu relacionamento com o seu pai, sua mãe, ou com o seu companheiro ou companheira. Você tem tempo para isso? Você tem tempo suficiente para fazer esse trabalho? É muito importante melhorar o relacionamento entre você e as pessoas que você ama. Você se dispõe a pôr de lado seis anos para conseguir um diploma; mas você tem a sabedoria de usar o mesmo tempo para trabalhar seu relacionamento? Para aprender a lidar com sua raiva? Esse tempo vai proporcionar a você e a outra pessoa a felicidade e a estabilidade que vocês precisam para restabelecer a comunicação

Escrevendo um livro sobre si mesmo

Recentemente um professor universitário estadunidense veio à Plum Village. Ele estava querendo muito escrever um livro sobre Thomas Merton e eu. Ele queria conversar comigo sobre o assunto, e eu disse logo: "Por que você não escreve um livro sobre você mesmo? Por que você não investe cem por cento de si na prática de fazer você e as outras pessoas ao seu redor felizes? Isso é mais importante do que escrever um livro sobre Thomas Merton e eu. Muitos livros sobre Thomas Merton já foram escritos". Nosso amigo disse, com a melhor das intenções e muito amor: "Mas ninguém escreveu um livro sobre você ainda". Eu respondi: "Não me importo com um livro sobre mim, mas me importo muito com você escrever um livro sobre você mesmo. Escreva com todo o seu coração para se transformar em um instrumento do Darma, da prática, de modo que você possa se tornar uma pessoa livre, uma pessoa feliz. Assim você poderá ajudar muitas pessoas ao seu redor a serem felizes também".

A coisa mais importante para mim é eu estabelecer um bom relacionamento com meus alunos e alunas. Eu tenho que disponibilizar a prática para possibilitar a transformação das pessoas. Isso é muito gratificante e nutridor. Toda vez que um praticante é capaz de transformar o próprio sofrimento, e é capaz de estabelecer um bom relacionamento com os outros, é uma grande vitória. Não é só uma vitória para ele ou ela, mas sim uma vitória para toda a comunidade e também para a prática. Isso é muito revigorante para todos nós. Nós conhecemos a história da jovem monja em Plum Village que foi capaz de ajudar mãe e filha a se reconciliarem. Esta foi uma vitória concreta. Fortaleceu a fé dela na prática, e simultaneamente a nossa.

Se você tem dificuldades com outra pessoa e pensa que ela só quer lhe fazer sofrer, e que é impossivel fazer algo para ajudá-la, desse modo você não está pondo em prática os ensinamentos. Se é aparentemente impossível para você dialogar com alguém, é porque você é inexperiente na prática. Conversar com aquela pessoa é possível sim. Muita gente questiona: "E se a outra pessoa não quiser cooperar, não quiser ouvir?" Se a outra pessoa não quiser nem ouvir, nem conversar com você ou resolver a questão com você neste momento, continue praticando e se transforme, que assim a reconciliação será possível.

Escrever um livro sobre si mesmo é uma forma de contemplar profundamente para reconhecer as raízes do seu sofrimento e encontrar formas de transformá-las. Isso vai lhe ajudar a se tornar uma pessoa livre e feliz, capaz de fazer feliz também outros à sua volta.

Néctar de compaixão

Nutra-se com o néctar da compaixão antes de se aproximar da outra pessoa para se reconciliar. A compaixão nasce da compreensão – compreensão de que o outro também sofre. Temos a tendência de nos esquecer disso. Vemos única e exclusivamente o nosso próprio sofrimento e por isso exageramos, pensando: "Ninguém mais sofre como sofro; sou a única pessoa que sofre desse jeito". Mas com o apoio da comunidade, você será capaz de examinar em maior profundidade, e ver que a outra pessoa também sofre muito.

Pode ser que o outro não tenha recebido apoio suficiente, e por isso não tenha sido capaz de progredir no caminho da prática, e você também não o ajudou. Você não é capaz sequer de se ajudar. Mas os ensinamentos servem exatamente para isso, a comunidade existe exatamente para isso, ou seja, nos nutrir com o néctar da compaixão. Precisamos pedir ajuda ao Darma, precisamos pedir à Sanga que nos ajude. O Darma tem eficácia no aqui e agora.

Saindo da prisão das ideias

Você não deve praticar como uma máquina, mas com inteligência, para que cada passo, cada respiração, faça você se sentir melhor. Cada refeição consciente, cada xícara de chá, pode fazer você se sentir melhor. Toque as maravilhas da vida dentro e em torno de si. Nutra-se permitindo ser penetrado pelos elementos belos e revigorantes ao seu redor. Esta é a coisa mais importante a ser feita.

Ideias não nos alimentam. De fato, ideias e noções se transformam em obstáculos com muita frequência. Podem se transformar numa prisão. Devemos abandonar essas ideias e noções para nos conectar à vida, tão cheia de maravilhas. Aprenda com os seus colegas praticantes que são capazes de ser felizes, capazes de amarem. Existem pessoas assim. Elas não têm problemas com outros membros da comunidade por serem capazes de aceitar todo mundo. Elas são contentes. Temos que cultivar a capacidade de sermos felizes como elas. Vivendo num mesmo ambiente, compartilhamos as mesmas condições de felicidade. Se os outros podem ser felizes, por que não seríamos capazes disso? Que tipo de obstáculo está nos impedindo de sermos felizes?

Uma carta crucial

Se você tiver sido treinado a falar com amor e a ouvir profundamente, você pode resolver um conflito com outra pessoa falando diretamente com ele ou ela. Mas se não tiver certeza de que sua paz, solidez e compaixão são suficientes para que você mantenha seu frescor, amor e calma enquanto você fala, então é possível que você goste da prática de escrever uma carta. Escrever uma carta é uma prática muito importante. Pois, mesmo que você tenha as melhores das intenções, se sua prática não for suficientemente sólida, pode ser que você fique irritado enquanto fala e reaja de modo inabilidoso. Isso pode arruinar sua oportunidade. Então, às vezes, escrever uma carta é mais seguro e mais fácil.

Numa carta, você pode ser totalmente honesto. Você pode dizer ao outro que certas coisas que ele fez lhe causaram sofrimento, e lhe machucaram. Você pode escrever sobre tudo o que está sentindo dentro de si. Enquanto escreve, sua prática é ficar calmo, usar a linguagem da paz, da bondade amorosa. Tente estabelecer um diálogo. Você pode escrever coisas como "Querido(a) amigo(a), pode ser que eu seja vítima de percepções distorcidas, e o que escrevo aqui pode não refletir a verdade. Entretanto, a minha experiência da situação é esta. É isso o que realmente sinto em meu coração. Se houver algo errado no que escrevi, vamos sentar e refletir juntos sobre isso, para que possamos esclarecer o equívoco".

Em nossa tradição, quando monges e monjas se reúnem para orientar alguém que pediu orientação a eles, eles sempre usam este tipo de linguagem. Usam o discernimento da comunidade. Isso não quer dizer que a visão da comunidade seja perfeita, mas sim que é a melhor compreensão que eles podem nos oferecer. Então, ao responderem, os irmãos e irmãs reconhecem que "Enquanto oferecemos esta orientação, estamos cientes de que pode haver coisas que não tenhamos compreendido. Pode haver aspectos positivos seus que ainda não vimos. E pode haver alguma percepção distorcida na parte da comunidade". Então, quando você escrever uma carta para outra pessoa, faça o mesmo: "Se minhas percepções não estiverem corretas, por favor me corrija". Fale de forma amorosa enquanto escreve. Se uma frase não estiver suficientemente bem escrita, você sempre pode recomeçar de uma nova maneira e escrever outra frase mais gentil.

Na carta, nós temos que demonstrar a nossa capacidade de entender o sofrimento da outra pessoa: "Querido amigo, eu sei que você tem sofrido. E sei que você não é totalmente responsável pelo seu sofrimento". Como você tem praticado contemplação profunda, descobriu várias causas e raízes diferentes do sofrimento da outra pessoa. Você pode dizer a ele ou ela todas essas coisas. Você pode lhe contar sobre o seu próprio sofrimento e expor sua compreensão do porquê ele ou ela agiu e falou daquela maneira.

Passe uma, duas ou até mesmo três semanas para terminar de escrever sua carta, pois esta é uma carta muito importante. É mais importante do que o quarto volume sobre a história do Budismo no Vietnã. Mais importante do que o livro sobre Thich Nhat Hanh e Thomas Merton. Aquela carta é crucial para sua felicidade. O tempo que você passar escrevendo a carta é ainda mais importante do que um ou dois anos que você passa escrevendo sua tese de doutorado. Sua tese não é tão decisiva quanto esta carta. Escrever uma carta assim é a melhor coisa que você pode fazer para ter uma importante descoberta e restaurar a comunicação.

Você não está fazendo isso sozinho(a). Você tem irmãos e irmãs que podem lhe iluminar e ajudar a escrever sua carta. As pessoas que você precisa estão na sua comunidade, bem próximas a você. Quando escrevemos um livro, damos o manuscrito para amigos, para especialistas pedindo opinião. Seus colegas praticantes são especialistas, porque todos praticam a escuta profunda, a contemplação profunda e a fala amorosa.

Você é o melhor médico, você é o melhor terapeuta para o seu amado ou sua amada. Então mostre a carta a uma irmã e pergunte a ela se a linguagem está gentil e calma o suficiente, e se a compreensão está profunda o suficiente. Depois de tê-la mostrado a um irmão ou irmã, você ainda pode mostrá-la a outro irmão ou irmã até você sentir que sua carta vai proporcionar uma transformação na outra pessoa e curá-la.

Quanto tempo, energia e amor você vai investir numa carta dessas? E quem recusaria ajudar você numa iniciativa tão importante como essa? É crucial que você restaure a comunicação com essa pessoa que você tem tanta consideração. Pode ser o seu pai, sua mãe, sua filha ou o seu companheiro. Ele ou ela pode estar sentado bem do seu lado.

Restabelecendo a Terra Pura

No início do seu relacionamento, a outra pessoa assumiu o compromisso de amar e cuidar de você, mas agora, ele ou ela está muito distante. Não quer mais olhar para você. Não quer mais andar de mãos dadas com você, e você sofre. No início do seu relacionamento, você sentia que estava no paraíso. Ele ou ela se apaixonou por você, e vocês eram muito felizes. Agora parece que essa pessoa não lhe ama mais e que abandonou você. Pode ser que ele ou ela esteja procurando por outra companhia, outro relacionamento. Seu paraíso se transformou num inferno e você não consegue escapar do seu inferno.

De onde vem este inferno? Existe alguém lhe empurrando para dentro desse inferno e lhe mantendo lá? Talvez o inferno seja criado pela sua mente, por suas ideias, suas percepções distorcidas. Portanto, só usando a mente você poderá destruir o inferno e se libertar.

A prática da atenção consciente, de reconhecer e acolher sua raiva é para abrir a porta do seu inferno e transformá-lo, resgatando você e a outra pessoa e os levando juntos de volta à terra da paz. Isso é possível e é você quem vai fazer isso. Os seus amigos praticantes vão apoiar vocês, é claro, com o discernimento, a energia da atenção consciente e a bondade amorosa deles.

Se você tiver êxito em restabelecer o relacionamento, fazendo a outra pessoa e você mesmo felizes de novo, você dá uma grande contribuição. Todos gostam da vitória, porque todos ganham mais fé na prática. Com o apoio da sanga você pode transformar seu inferno e restabelecer a Terra Pura, e restaurar a paz na sua vida diária. Você pode começar imediatamente. Você pode começar a escrever essa carta hoje. Você descobrirá que com apenas um lápis e uma folha de papel, você pode praticar e transformar seu relacionamento.

Escreva sua carta o dia inteiro

Quando você estiver sentado, caminhando em meditação, trabalhando, faxinando ou preparando uma refeição, não pense sobre a carta. Mas tudo o que você estiver fazendo estará relacionado àquela carta.

O tempo que você passa escrevendo na sua escrivaninha é o momento apenas de colocar seus sentimentos no papel. Mas este não é exatamente o momento em que você dá origem à carta. Você produz a carta quando estiver aguando os vegetais, quando estiver praticado a caminhada meditativa, quando estiver cozinhando para a comunidade. Todas essas práticas lhe ajudam a ficar mais seguro de si e mais tranquilo. A atenção consciente e a concentração que você gera podem auxiliar no crescimento das sementes de compreensão e compaixão em você. Quando sua carta se origina da atenção consciente, que você gerou o dia inteiro, será uma carta maravilhosa.

Viva cada momento com beleza

Cerca de quinze anos atrás, uma estudante budista estadunidense me visitou quando eu estava nos Estados Unidos.

Ela disse: "Querido professor, você escreve poemas tão lindos. Você passa tanto tempo cultivando alface e fazendo coisas do tipo. Por que não usa esse tempo para escrever mais poesia?" Ela tinha lido, em algum lugar, que eu gosto de cultivar verduras, e de cuidar de pepinos e alfaces. Ela estava pensando pragmaticamente e sugeriu que eu deveria não desperdiçar meu tempo trabalhado no jardim, mas sim usá-lo para escrever poesias.

Eu respondi: "Querida amiga, se eu não cultivasse alfaces, não poderia escrever os poemas que escrevo". Esta é a verdade. Se você não viver concentrado e consciente, se não viver cada momento da sua vida cotidiana de maneira profunda, você não conseguirá escrever. Você não conseguirá produzir algo de valor para ofertar aos outros.

Um poema é uma flor que você oferece às pessoas. Um olhar compassivo, um sorriso, um ato cheio de bondade-amorosa também é uma flor que brota na árvore da atenção e concentração. Embora você não pense sobre o poema enquanto cozinha o almoço para sua família, o poema está sendo escrito. Quando escrevo um conto, um romance, ou uma peça teatral, pode levar uma duas ou várias semanas para ser concluída. Mas a história ou romance está sempre presente. Do mesmo modo, mesmo que você não esteja pensando sobre a carta que irá escrever para seu amado ou amada, a carta está sendo escrita nas profundezas da sua consciência.

Você não pode simplesmente sentar e escrever a história ou o romance. Você precisa fazer outras coisas também. Você bebe chá, cozinha a refeição matinal, lava suas roupas, água os vegetais. O tempo usado fazendo essas coisas é extremamente importante. Você precisa fazê-los bem-feitos.

Você precisa investir cem por cento de si mesmo no ato de cozinhar, de aguar o jardim dos vegetais, de lavar os pratos. Você simplesmente se deleita com qualquer coisa que estiver fazendo, e faz aquilo de maneira profunda. Isso é muito importante para sua história, sua carta, ou qualquer outra coisa que você queira criar.

Iluminação não está separada do ato de lavar pratos ou cultivar alfaces. Aprender a viver cada momento da nossa vida cotidiana em profundo estado de atenção consciente e concentração é a prática. A concepção e o desabrochar de uma obra de arte acontece exatamente nesses momentos de nossa vida diária. A hora em que você começa a escrever música ou os poemas é somente a hora de dar à luz ao bebê. O bebê já tem que existir em você para que você possa dar à luz a ele. Mas se o bebê não estiver em você, mesmo que você se sente por horas a fio na sua escrivaninha, não terá o que parir, e você não consegue gerar coisa alguma. Seu discernimento, sua compaixão e sua habilidade de escrever de uma maneira que sensibilizará o coração de outra pessoa são flores que brotam na árvore da sua prática. Devemos fazer bom uso de cada momento da nossa vida diária para permitir que este discernimento e compaixão floresçam.

A dádiva da transformação

Uma mãe grávida pode ficar muito feliz toda vez que pensa no bebê dentro dela. Mesmo não tendo nascido ainda, o bebê pode dar muita alegria à mãe. Em cada momento da sua vida cotidiana, ela está ciente da presença do bebê, e por isso faz tudo com amor. Ela come com amor, ela bebe com amor, porque sabe que sem seu amor o bebê pode não ser saudável. Ela é muito cautelosa o tempo todo. Sabe que se cometer um erro, se fumar, se ingerir bebida alcoólica, isso não será bom para o bebê. Por isso, ela é muito cuidadosa e vive com uma mentalidade de amor.

Os praticantes devem agir de forma bem parecida com a de uma mãe. Sabemos que queremos produzir algo, que queremos oferecer algo para a humanidade, para o mundo. Cada um de nós carrega dentro de si um bebê – um Buda--bebê, e é o Buda-bebê em nós que podemos oferecer. Devemos viver com atenção consciente para cuidar do nosso Buda-bebê.

É a energia de Buda em nós que nos permite escrever uma verdadeira carta de amor para nos reconciliar com outra pessoa. Uma verdadeira carta de amor é preparada com discernimento, compreensão e compaixão. Caso contrário, não é uma carta de amor. Uma verdadeira carta de amor pode gerar uma transformação na outra pessoa, e por conseguinte no mundo. Mas antes de gerar transformação na outra pessoa, a carta tem que gerar transformação dentro de nós. O tempo que você leva escrevendo a carta pode ser toda vida.

Apêndice A
Tratado de paz

Em Plum Village, casais, membros da família ou amigos geralmente assinam este tratado em uma cerimônia com toda a comunidade presente. Entretanto, você pode adaptá-lo de uma maneira que faça você se sentir confortável. No final, estão as referências budistas; mas, por favor, sinta-se livre para alterá-las de modo que combinem com sua própria tradição espiritual.

Para que possamos viver juntos e felizes por muito tempo, para que possamos desenvolver e aprofundar continuamente nosso amor e compreensão, nós, signatários, nos comprometemos a observar e praticar o seguinte:

Eu, aquele(a) que está com raiva, concordo em:

1) Evitar dizer ou fazer qualquer coisa que possa causar mais danos ou aumentar a raiva.

2) Não reprimir minha raiva.

3) Respirar conscientemente e voltar-me para mim mesmo(a) com o intuito de cuidar da minha raiva.

4) Calmamente, dentro de vinte e quatro horas, contar a quem me provocou raiva sobre a minha raiva e sofrimento, seja verbalmente ou entregando um Bilhete de Paz.

5) Solicitar, seja verbalmente ou por escrito, que um encontro seja agendado no final da semana, como por exemplo, na sexta-feira à noite, para discutir o assunto em maiores detalhes.

6) Não dizer: "Eu não estou zangado(a), está tudo bem, eu não estou sofrendo. Não há motivo para eu ficar com raiva".

7) Contemplar profundamente no meu cotidiano, quando eu estiver sentado(a), caminhando, deitado(a), trabalhando e dirigindo com o intuito de compreender:

- As maneiras pelas quais eu mesmo(a), às vezes, fui inábil.
- Como magoei a outra pessoa por causa da energia do meu próprio hábito.
- Como a robusta semente de raiva em mim é a principal causa da minha raiva.
- Como a outra pessoa é apenas uma causa secundária.
- Como a outra pessoa está simplesmente buscando aliviar o próprio sofrimento.
- Que enquanto a outra pessoa estiver sofrendo, eu não poderei ser verdadeiramente feliz.

8) Pedir desculpas imediatamente, sem esperar o encontro marcado de sexta-feira, logo que eu reconhecer minha inabilidade e falta de atenção.

9) Adiar a reunião de sexta-feira se eu não me sentir suficientemente calmo(a) para me encontrar com a outra pessoa.

Eu, aquele(a) que provocou raiva no outro, concordo em:

1) Respeitar os sentimentos da outra pessoa, não o(a) ridicularizar, e dar tempo suficiente para que ele ou ela se acalme.

2) Não forçar uma discussão imediata.

3) Confirmar, seja verbalmente ou por escrito, o pedido feito pela outra pessoa de marcarmos um encontro, e assegurá-la de que eu vou comparecer.

4) Pedir desculpas imediatamente, se isso for possível, sem esperar até a noite da sexta-feira.

5) Fazer as práticas de respirar com atenção e contemplar profundamente para entender como:

- Tenho em mim as sementes de raiva e indelicadeza, e também a energia do hábito, que deixa o outro infeliz.

- Pensei erroneamente que fazendo o outro sofrer eu aliviaria meu próprio sofrimento. Ao fazer ele ou ela sofrer, eu sofro.

6) Pedir desculpas logo que eu perceber a minha falta de cuidado, falta de atenção, sem tentar me justificar de forma alguma, e sem esperar pelo encontro da sexta-feira.

Nós nos comprometemos na presença do Senhor Buda, como testemunha, e na presença consciente da nossa Sanga, cumprir estas cláusulas e praticá-las com todo o coração.

Invocamos a proteção das Três Joias que nos concedem clareza e confiança.

Assinado, _____

No dia ___ de _____ do ano _____

Às _____ h ___ m.

Apêndice B

Os Cinco Treinamentos da Atenção Consciente

Primeiro treinamento: reverência pela vida

Ciente do sofrimento causado pela destruição da vida, eu me comprometo a cultivar a compaixão e a aprender formas de proteger a vida de pessoas, animais, plantas e minerais. Estou determinado(a) a não matar, a não deixar que os outros matem e a não fechar os olhos para qualquer ato mortífero no mundo, em meu pensamento e estilo de vida.

Segundo treinamento: generosidade

Ciente do sofrimento causado pela exploração, injustiça social, roubo e opressão, eu me comprometo a cultivar a bondade amorosa e aprender formas de trabalhar pelo bem-estar de pessoas, animais, plantas e minerais. Eu me comprometo a praticar a generosidade, compartilhando meu tempo, minha energia e meus recursos materiais com os necessitados. Estou determinado(a) a não roubar e a não possuir qualquer coisa que deva pertencer aos outros. Respeitarei a propriedade alheia, mas impedirei que outros lucrem com o sofrimento humano ou com o sofrimento de outras espécies da Terra.

Terceiro treinamento: responsabilidade sexual

Ciente do sofrimento causado pela má conduta sexual, eu me comprometo a cultivar responsabilidade e aprender formas de proteger a segurança e integridade dos indivíduos, casais, famílias e sociedade. Estou determinado(a) a não me envolver em relações sexuais sem amor e sem um compromisso duradouro. Para preservar minha própria felicidade e a felicidade de outras pessoas, estou determinado(a) a respeitar meus compromissos e o compromisso dos outros. Farei tudo o que puder para proteger crianças de abusos sexuais, e impedir que casais e famílias se separem devido à má conduta sexual.

Quarto treinamento: escuta profunda e fala amorosa

Ciente do sofrimento causado pela fala desatenta e inabilidade de ouvir os outros, eu me comprometo a cultivar a fala amorosa e a escuta profunda para proporcionar alegria e felicidade aos outros e aliviar o sofrimento deles. Sabendo que palavras podem criar felicidade ou sofrimento, eu me comprometo a aprender a falar honestamente, com palavras que inspirem autoconfiança, alegria e esperança. Estou determinada a não espalhar notícias que não tenho certeza se são verídicas e a não criticar ou condenar coisas que não tenho certeza. Evitarei proferir palavras que possam causar separação e discórdia, ou que possam causar a ruptura da família ou da sociedade. Vou me esforçar ao máximo para reconciliar e resolver todos os conflitos, por menor que sejam.

Quinto treinamento: consumo consciente

Ciente do sofrimento causado pelo consumo desatento, eu me comprometo a cultivar a saúde física e mental – minha, da minha família e sociedade – através das práticas de comer, beber e consumir de modo consciente. Comprometo-me a ingerir somente itens que preservem a paz, o bem-estar e a alegria no meu corpo e consciência, e no corpo e consciência coletivos da minha família e sociedade. Estou determinado(a) a não usar álcool ou qualquer inebriante, ou ingerir alimentos ou outros itens que contenham toxinas, tais como certos programas de televisão, revistas, livros, filmes e conversas. Estou consciente de que prejudicar o meu corpo e minha consciência com esses venenos significa trair meus antecessores, meus pais, minha sociedade e futuras gerações. Trabalharei para transformar a violência, o medo, a raiva e a confusão em mim e na sociedade, praticando uma dieta para mim e para a sociedade. Compreendo que uma dieta apropriada é crucial para a autotransformação e transformação da sociedade.

Apêndice C

Meditações guiadas para contemplar profundamente e soltar a raiva

Pode ser que estas meditações guiadas lhe ajudem a pôr em prática os ensinamentos que você recebeu sobre como transformar a raiva. Você pode usar as meditações silenciosamente, sendo o seu próprio guia ou pode convidar alguém para guiar as meditações, lendo os exercícios em voz alta.

Comece com "Inspirando, sei que estou inspirando. Expirando, sei que estou expirando". Seguido das palavras-chave "inspirando, expirando". Você deve sempre começar passando algum tempo respirando conscientemente para acalmar sua mente. Use a primeira palavra-chave para acompanhar a inspiração, e a segunda palavra-chave para acompanhar a expiração. Repita silenciosamente estas palavras-chave a cada inspiração e expiração para realmente experimentar o significado da meditação. Evite dizer as palavras mecanicamente;

em vez disso, as experimente e as sinta concretamente. Deixe acontecer oito ou dez inspirações e expirações em cada exercício, mantendo as palavras-chave vivas durante cada inspiração e expiração.

Contemplando profundamente a raiva

1 Contemplando alguém que está com raiva, eu inspiro.	Pessoa enraivecida.
Vendo o sofrimento daquela pessoa, eu expiro.	Sofrimento.
2 Contemplando o dano causado pela raiva a mim e aos outros, eu inspiro.	Raiva causa dano a mim e aos outros.
Vendo que a raiva incendeia e destrói a felicidade, eu expiro.	A raiva destrói a felicidade.
3 Vendo as raízes da raiva no meu corpo, eu inspiro.	As raízes da raiva no corpo.
Vendo as raízes da raiva na minha consciência, eu expiro.	As raízes da raiva na consciência.
4 Vendo as raízes da raiva nas percepções equivocadas e na ignorância, eu inspiro.	As raízes da raiva nas percepções equivocadas e na ignorância.
Sorrindo para minhas percepções equivocadas e ignorância, eu expiro.	Sorrindo.
5 Vendo que a pessoa raivosa sofre, eu inspiro.	Pessoa raivosa sofre.
Sentindo compaixão pela pessoa raivosa que sofre, eu expiro.	Sentindo compaixão.
6 Vendo o ambiente desfavorável e a infelicidade da pessoa enraivecida, eu inspiro.	Pessoa enraivecida infeliz.
Compreendendo as causas dessa infelicidade, eu expiro.	Compreendendo infelicidade.

7 Vendo-me em chamas no fogo da raiva, eu inspiro.   Ardendo de raiva.

Sentindo compaixão de mim ardendo de raiva, eu expiro.   Autocompaixão.

8 Sabendo que a raiva me deixa com uma aparência horrível, eu inspiro.   A raiva me deixa horrível.

Vendo-me como a causa principal da minha feiura, eu expiro.   Eu causo a minha feiura.

9 Vendo que, quando estou com raiva sou uma casa em chamas, eu inspiro.   Sou uma casa em chamas.

Cuidando da minha raiva e voltando-me para meu interior, eu expiro.   Cuidando de mim mesmo(a).

10 Contemplando ajudar a pessoa furiosa, eu inspiro.   Ajudando a pessoa furiosa.

Vendo-me capaz de ajudar a pessoa furiosa, eu expiro.   Capaz de ajudar.

Atenuando a raiva e curando as relações com nossos pais

1 Vendo-me como uma criança de 5 anos, eu inspiro.   Eu, 5 anos de idade.

Sorrindo para a criança de 5 anos, eu expiro.   Sorrindo.

2 Vendo a criança de 5 anos como frágil e vulnerável, eu inspiro.   5 anos de idade, frágil.

Sorrindo com amor para a criança de 5 anos em mim, eu expiro.   Sorrindo com amor.

3 Vendo meu pai como um garoto de 5 anos, eu inspiro.   Pai, 5 anos de idade.

Sorrindo para o meu pai como um menino de 5 anos, eu expiro.   Sorrindo.

4 Vendo o meu pai com 5 anos de idade, frágil e vulnerável, eu inspiro.
Sorrindo com amor e compreensão para o meu pai quando menino de 5 anos, eu expiro.

Pai, frágil e vulnerável.
Sorrindo com amor e compreensão.

5 Vendo minha mãe como uma menina de 5 anos, eu inspiro.
Sorrindo para minha mãe, quando menina de 5 anos, eu expiro.

Mãe, 5 anos de idade.
Sorrindo.

6 Vendo minha mãe com 5 anos de idade, frágil e vulnerável, eu inspiro.
Sorrindo com amor para minha mãe quando menina de 5 anos, eu expiro.

Mãe, frágil e vulnerável.
Sorrindo com amor e compreensão.

7 Vendo o meu pai sofrer quando criança, eu inspiro.
Vendo minha mãe sofrer quando criança, eu expiro.

Pai sofrendo quando criança.
Mãe sofrendo quando criança.

8 Vendo o meu pai em mim, eu inspiro.
Sorrindo para o meu pai em mim, eu expiro.

Pai em mim.
Sorrindo.

9 Vendo minha mãe em mim, eu inspiro.
Sorrindo para minha mãe em mim, eu expiro.

Mãe em mim.
Sorrindo.

10 Compreendendo as dificuldades que têm o meu pai em mim, eu inspiro.
Determinada a trabalhar para libertar eu e meu pai em mim, eu expiro.

Dificuldades do pai em mim.

Libertando pai e eu.

11 Compreendendo as dificuldades que têm a minha mãe em mim, inspiro.
Determinada a trabalhar para libertar eu e minha mãe em mim, expiro.

Dificuldades da mãe em mim.

Libertando mãe e eu.

Apêndice D

Relaxamento profundo

Este é um exemplo de como conduzir um relaxamento profundo para você ou os outros. É muito importante deixar o corpo descansar. Quando seu corpo está à vontade e relaxado, sua mente também estará em paz. A prática do relaxamento profundo é essencial à cura do corpo e da mente. Por favor, pratique frequentemente e sem pressa o relaxamento profundo. Embora este exemplo de relaxamento guiado possa levar trinta minutos, sinta-se livre para modificá-lo e adequá-lo à sua situação. Você pode encurtá-lo para cinco ou dez minutos apenas, e praticá-lo ao acordar de manhã ou antes de ir para a cama à noite, ou quando der uma pausa no meio de um dia agitado. Você também pode torná-lo mais longo e mais profundo. O mais importante é que você goste de praticá-lo.

Deite-se confortavelmente de costas, no chão ou na cama. Feche os olhos. Deixe os braços descansarem gentilmente ao lado do corpo e permita que suas pernas relaxem, voltadas para fora.

Enquanto inspira e expira, conscientize-se do seu corpo, como um todo, deitado. Sinta todas as áreas do seu corpo que estão tocando o chão ou a cama onde você estiver deitado(a); os seus calcanhares, a parte de trás das suas pernas, nádegas, costas, as partes detrás das suas mãos e braços, a parte detrás da sua cabeça. A cada expiração, sinta-se afundando cada vez mais profundamente no chão, largando tensões, largando preocupações, sem se prender a coisa alguma.

Enquanto inspira, sinta seu abdômen subindo, e enquanto expira, sinta o seu abdômen descendo. Durante várias respirações, só perceba o subir e descer do seu abdômen.

Agora, quando inspirar, torne-se consciente dos seus dois pés. Quando expirar, deixe ambos os pés relaxarem. Inspirando, envie amor aos seus pés, e expirando, sorria para seus pés. Quando estiver inspirando e expirando, reconheça como é maravilhoso ter dois pés que permitem você andar, correr, praticar esportes, dançar, dirigir, fazer tantas atividades no decorrer do dia. Envie sua gratidão aos seus dois pés por eles sempre estarem ao seu dispor toda vez que você precisa deles.

Inspirando, conscientize-se das suas pernas direita e esquerda. Expirando, permita que todas as células das suas pernas relaxem. Inspirando, sorria para suas pernas, e expirando envie o seu amor para elas. Aprecie qualquer que seja o tanto de força e saúde que exista em suas pernas. Enquanto inspira e expira, envie para elas sua ternura e carinho. Deixe-as relaxarem, afundando gentilmente no chão. Solte qualquer tensão que você possa estar retendo nas suas pernas.

Inspirando, conscientize-se das suas duas mãos repousando no chão. Expirando, relaxe completamente todos os músculos das duas mãos, soltando qualquer tensão que possa estar retida nelas. Enquanto inspira, aprecie a maravilha que é ter duas mãos. Ao expirar, envie um sorriso de amor para as suas duas mãos. Inspirando e expirando, esteja conectado a todas as coisas que suas mãos permitem que você faça: cozinhar, escrever, dirigir, segurar na mão de outra pessoa, segurar um bebê, lavar o próprio corpo, desenhar, tocar um instrumento musical, digitar, construir e consertar coisas, afagar um animal, segurar uma xícara de chá. São tantas coisas que estão disponíveis para você, porque você tem duas mãos. Simplesmente aprecie o fato de ter duas mãos e permita que todas as células das suas mãos realmente relaxem.

Inspirando, tome consciência dos seus dois braços. Expirando, permita que seus braços relaxem completamente. Ao inspirar, envie amor aos seus braços, e ao expirar sorria para eles. Passe um tempo apreciando seus braços e qualquer que seja a força e saúde que eles tenham. Envie sua gratidão para eles, por permitirem você abraçar alguém, balançar-se num balanço, ajudar e servir os outros, trabalhar arduamente: linpando a casa, cortando grama, fazendo tantas coisas durante o dia inteiro. Ao inspirar e expirar, deixe seus braços relaxarem e descansarem completamente no chão. A cada expiração, sinta a tensão indo embora dos seus braços. Enquanto você envolve seus braços com sua atenção consciente, sinta alegria e bem-estar em cada parte dos seus braços.

Inspirando, conscientize-se dos seus ombros. Expirando, deixe que qualquer tensão nos seus ombros flua para o chão. Enquanto inspira, envie o seu amor para os seus ombros, e enquanto expira sorria com gratidão para eles. Inspirando e expirando, conscientize-se de que você pode ter deixado muita tensão e estresse se acumularem nos seus ombros. A cada exalação, deixe a tensão ir embora dos seus ombros, sinta-os relaxando cada vez mais profundamente. Envie sua ternura e carinho aos seus ombros, sabendo que você não quer colocar peso excessivo sobre eles, mas quer sim viver de um modo que os deixe relaxados e à vontade.

Inspirando, torne-se consciente do seu coração. Expirando, deixe seu coração relaxar. Com sua inspiração, envie o seu amor para o seu coração. Com sua expiração, sorria para seu coração. Enquanto inspira e expira, conecte-se com a maravilha de ter um coração ainda batendo no peito. Seu coração possibilita sua vida, e está sempre ao seu dispor, a cada minuto, todos os dias. Ele nunca dá uma pausa para descansar. Seu coração está batendo desde que você era um feto de quatro semanas no útero da sua mãe. É um órgão maravilhoso que lhe permite fazer tudo o que você faz no decorrer do dia. Inspire e saiba que o seu coração também ama você. Expire e se comprometa a viver de um modo que ajude o seu coração a funcionar bem. A cada exalação, sinta seu coração relaxando cada vez mais. Permita que cada célula do seu coração sorria com tranquilidade e alegria.

Ao inspirar, conscientize-se do seu estômago e intestinos. Ao expirar, deixe seu estômago e intestinos relaxarem. Enquanto inspira, envie seu amor e gratidão para eles. Enquanto expira, sorria afetuosamente para eles. Inalando e exalando, saiba o quanto esses órgãos são essenciais à sua saúde. Dê a eles a oportunidade de relaxarem profundamente. Todo dia eles digerem e assimilam a comida que você ingeriu, proporcionando a você energia e força. Eles precisam que você passe um tempo os reconhecendo e apreciando sem pressa. Enquanto inspira, sinta seu estômago e intestino relaxando e soltando toda tensão. Enquanto expira, se deleite com o fato de ter um estômago e intestino.

Inspirando, torne-se consciente dos seus olhos. Expirando, deixe seus olhos e músculos em volta dos seus olhos relaxarem. Inspirando, sorria para os seus olhos e expirando, envie o seu amor para eles. Deixe seus olhos descansarem e rolarem para trás na sua cabeça. Enquanto você inspira e expira, saiba o quanto seus olhos são preciosos. Eles lhe possibilitam olhar nos olhos de alguém que você ama, ver um lindo pôr do sol, ler e escrever, mover-se com facilidade, ver um pássaro voando no céu, assistir um filme – tantas outras coisas são possíveis por causa dos seus olhos. Passe um tempo apreciando a dádiva que é ter visão e deixe seus olhos relaxarem profundamente. Você pode elevar gentilmente as sobrancelhas, ajudando a liberar qualquer tensão que você pode estar retendo ao redor dos olhos.

Você pode continuar relaxando outras áreas do seu corpo, usando o mesmo padrão utilizado acima.

Agora, se o seu corpo estiver doente ou dolorido em algum lugar, aproveite para se conscientizar disso e enviar amor para aquela parte do corpo. Inspirando, deixe esta área descansar; e expirando, sorria para ela com grande ternura e afeição. Conscientize-se das outras partes do seu corpo que ainda estão fortes e saudáveis. Deixe que essas partes fortes do seu corpo enviem força e energia para a área fraca ou doente. Sinta o apoio, a energia e o amor de todo o resto do corpo penetrando, acalmando e curando a área fraca. Inspire e afirme sua própria capacidade de cura; expire e largue a preocupação ou o medo que você pode estar retendo no seu corpo. Inspirando e expirando, sorria com amor e confiança para a área do seu corpo que não está bem.

Finalmente, ao inspirar se conscientize do seu corpo inteiro deitado. Ao expirar, desfrute a sensação de estar com todo o corpo deitado, muito relaxado e calmo. Sorria para o seu corpo inteiro enquanto inspira. E envie o seu amor e compaixão para o seu corpo inteiro enquanto expira. Sinta todas as células do seu corpo sorrindo alegremente com você. Sinta gratidão por todas as células de todo o seu corpo. Retorne ao abdômen subindo e descendo gentilmente.

Se você estiver guiando outras pessoas e sentir-se confortável fazendo isso, poderá cantar algumas canções relaxantes ou cantigas de ninar.

Para terminar, lentamente vá se alongando e abrindo os olhos. Sem pressa, vá se levantando com calma e suavidade. Pratique levar consigo a energia calma e atenta que você gerou para sua próxima atividade no decorrer do dia.

Há comunidades de retiro ligadas à Thich Nhat Hanh no sudoeste da França (Plum Village), Vermont (Green Mountain Dharma Center), e Califórnia (Deer Park), onde monges, monjas, homens laicos, mulheres laicas praticam a arte de viver consciente. Os visitantes são convidados a participar da prática por uma semana no mínimo. Para obter mais informações, escreva para:

Plum Village
13 Martineau
33580 Dieulivol
França
NH-office@plumvillage.org (para mulheres)
LH-office@plumvillage.org (para mulheres)
UH-office@plumvillage.org (para homens)
www.plumvillage.org

Para obter informações sobre nossos mosteiros, centros de prática da atenção consciente e retiros nos Estados Unidos, favor entrar em contato com:

Green Mountain Dharma Center
P.O. Box 182
Hartland Four Corners, VT 05049
Tel: (802) 436-1103
Fax: (802) 436-1101
MF-office@plumvillage.org
www.plumvillage.org

Deer Park Monastery
2499 Melru Lane
Escondido, CA 92026
Tel: (760) 291-1003
Faxe: (760) 291-1172
Deerpark@plumvillage.org

Conecte-se conosco:

f facebook.com/editoravozes

◎ @editoravozes

𝕏 @editora_vozes

▶ youtube.com/editoravozes

◯ +55 24 2233-9033

www.vozes.com.br

Conheça nossas lojas:
www.livrariavozes.com.br

Belo Horizonte – Brasília – Campinas – Cuiabá – Curitiba
Fortaleza – Juiz de Fora – Petrópolis – Recife – São Paulo

  Vozes de Bolso

EDITORA VOZES LTDA.
Rua Frei Luís, 100 – Centro – Cep 25689-900 – Petrópolis, RJ
Tel.: (24) 2233-9000 – E-mail: vendas@vozes.com.br